# Die Kita-Umwelt-Retter

Mit Kindern Umweltschutz und Nachhaltigkeit leben

## Wetter & Klima

# IMPRESSUM

ISBN: 978-3-96046-209-5

**Die Kita-Umwelt-Retter**
Mit Kindern Umweltschutz und Nachhaltigkeit leben
**Wetter & Klima**

Klett Kita GmbH · Rotebühlstr. 77 · 70178 Stuttgart ·
Internet: www.klett-kita.de

| | |
|---|---|
| Redaktion | Myriam Bork |
| Autorin | Claudia Hohloch |
| Illustration | Alexandra Junge |
| Gestaltung und Satz | DOPPELPUNKT, Stuttgart |
| Druck | Grafik Media Produktionsmanagement, Köln |

*Gedruckt auf FSC®-zertifiziertem Papier.*

FSC www.fsc.org MIX Papier aus verantwortungsvollen Quellen FSC® C144789

**Bildnachweis**

**Layoutillustration**
Gettyimages.de/Color_life
Freepik.de/macrovector

**Privataufnahmen**
S. 79: Nicole Schielberg

**Gettyimages**
S.10: Joachim Berschauer | S.12: Poncho | S.19: FatCamera | S. 17: Catherine Delahaye | S.21: Mark Newman | S.22: Aaron Foster | S.24: marcophotos | S.26: Tom Werner | S.27: Henglein and Steets | S.28: aywan88 | S.30: Edwin Remsberg | S.31: ollo | S.32: Björn Forenius | S.34: Joseph Clark | S.36: Peter Dazeley | S.37: littleartvector | S.38: Ashley Cooper | S.40: akinbostanci | S.42: imaginima | S.43: guenterguni | S.44: Rike | S.45: TerryJLawrence | S.46: Daniel Grizelj | S.48: Abstract Aerial Art | S.50: MarianVejcik | S.51: Juanmonino | S.52: Tom Werner | S.64: Paul Souders, Patrick J. Endres, John Conrad, Gannet77 | S.65: thawats, Rocky89, Edwin Remsberg, Raimund Linke | S.66: guenterguni, Mark Newman | S.67: Steve Satushek, Annie Otzen | S.68: Jose Luis Pelaez Inc, Henrik Trygg |S. 69, S.70: fad1986 | S.71: Canetti | S. 73: Ashley Cooper | S.74: Foto4440

**AdobeStock**
S.7: ximich_natali | S.9: ink drop | S.16: ink drop | S.20, S.63: drutska | S.21: ONYXprj

# INHALT

# LIEBE LESERINNEN & LESER,

Klimawandel, Artensterben, Regenwaldabholzung, Waldbrände, Überfischung, Plastikmüll im Meer – alles Stichworte unserer Zeit. Längst steht die Ampel unseres Planeten auf Rot und es ist höchste Zeit, dass wir etwas an unserem Verhalten verändern! Getan wird schon viel, doch noch nicht genug.

Für unsere Kinder und Enkel ist es wichtig, dass wir mit mehr Achtsamkeit und Köpfchen an die Probleme in den Bereichen Umwelt(-schutz) und Nachhaltigkeit herangehen – und schon unsere Kleinsten mit auf die Reise zurück zum lebenswerten Planeten nehmen.

Gerade im Kindergartenalter und im Kindergartenalltag lassen sich Umweltthemen vorleben und gemeinsam kindgerecht umsetzen. Ziel ist es, bei den Kindern Bewusstsein und Wertschätzung für die Natur zu schaffen, denn man kann nur schützen, was man gut kennt. Und wenn dabei die ganze Familie mit ins Boot geholt werden kann, wird aus einer kleinen Idee eine große Sache! Deshalb finden sich in der Reihe *Die Kita-Umwelt-Retter* neben wichtigen und spannenden Informationen zu den einzelnen Themen auch nachhaltige Ideen zur Umsetzung mit den Kindern. Außerdem gebe ich Ihnen Tipps mit, wie Sie Träger, Team und Eltern in den Prozess hin zur umweltfreundlichen Kita einbeziehen.

Wichtig ist mir bei dieser Reihe, dass Sie, die Kita-Kinder und die Kita-Familien, mit Spaß und Freude auf die Umweltschutz-Entdeckungstour gehen und für sich auswählen, was sich realisieren lässt. Bitte beachten Sie, dass nicht alles von heute auf morgen umgesetzt werden kann und muss. Nehmen Sie sich die Zeit, die Sie brauchen, setzen Sie die Dinge um, die zu Ihnen, Ihrer Einrichtung, Ihren Kindern und deren Familien passen, und genießen Sie die kleinen Erfolge, die sich nach und nach einstellen: beispielsweise die Reduzierung der Gelben Säcke, das Schrumpfen der Mülltütenanzahl oder die klugen Ratschläge der Kindergartenkinder, die sich immer mehr in diesem Thema auskennen werden.

Auf dieser Reise wünsche ich Ihnen viele schöne Momente, zahlreiche Aha-Erlebnisse und strahlende Kinderaugen!

Herzliche Grüße
Ihre Claudia Hohloch

## ZUR ARBEIT MIT DIESEM BUCH

Die Praxisratgeber der Kita-Umwelt-Retter-Reihe möchten Sie dabei begleiten, Ihren Kita-Alltag umweltfreundlich(er) zu gestalten und die Kinder und Eltern auf diese Reise mitzunehmen. Das Anliegen des Buches ist es, gemeinsam die Erde mit mehr Achtsamkeit und Wertschätzung zu behandeln.

Dafür darf das Wissen nicht zu kurz kommen: Zu jedem Kapitel gibt es wichtige, spannende und manchmal auch witzige Fakten aus dem Reich der Natur und der Tiere.

Für die praktische Umsetzung mit den Kindern halten die Kapitel zahlreiche kreative und nachhaltige Ideen bereit: Von Insektenhotels über Tierspuren-Memorys bis zur eigenen Teemischung – die Kinder lernen die Natur und ihre Umgebung mit allen Sinnen kennen. Die Ideen eignen sich für ein ganzes Projekt, können aber auch einzeln herausgegriffen werden – ganz nach den Interessen Ihrer Gruppe. Am Ende des Buches finden Sie einen Ideenpool mit noch mehr Spielen, Kreativ- und Sinnesangeboten mit und in der Natur.

Um den Kindern zu vermitteln, dass die Erde ein kostbarer Schatz ist, gibt es eine Schatzkiste. Das kann eine richtige kleine Holzkiste sein – im Anhang finden Sie aber auch eine Bastelschablone für eine Kiste aus Papier. Die Schatzkiste hält Natur- und Anschauungsmaterialien bereit, wodurch das jeweilige Thema noch (be-)greifbarer für die Kinder wird. Die Schatzkiste kann als Ritual im Projektkreis miteinbezogen werden und so die Kinder schon auf das Thema einstimmen.

Außerdem werden die Kinder von den beiden Umweltprofis Marie und Nick begleitet. Die Stabpuppen – die Kopiervorlagen hierfür finden Sie im Anhang – dienen als Ansprechfiguren, führen die Ideen mit einer kleinen Geschichte ein und sind Umweltschutz-Vorbilder. Mithilfe des Steckbriefs auf Seite 15 können Sie Marie und Nick den Kindern vorstellen.

Sind Ihre Kinder auch wahre Umweltprofis? Ihr Wissen können sie bei einem Umweltschützer-Quiz unter Beweis stellen – das Umweltschützer-Diplom winkt! Eine Vorlage hierfür findet sich ebenfalls im Anhang.

Auch für Teamsitzungen und Elternabende zum Thema *Umweltschutz* sind Sie perfekt vorbereitet: mit Ideen zur gemeinsamen Umsetzung in der Kita und hilfreichen Checklisten.

# UMWELTSCHUTZ

## von Anfang an

# DIE SPUREN, DIE WIR HINTERLASSEN

## Auswirkungen unseres Verhaltens auf die Erde

Die Natur bleibt im Gleichgewicht, wenn jedes Lebewesen nur genau so viel Nahrung aufnimmt, wie es braucht. Nur, wenn so viel Wasser verwendet wird, wie tatsächlich nötig ist, oder auch, wenn nur so viele Rohstoffe verbraucht werden, wie notwendig. Wenn jedoch mehr Lebensmittel, Kleidung oder andere Waren gekauft und konsumiert werden, wird zur Herstellung mehr Energie benötigt, werden mehr Güter ausgeschöpft und wird auch mehr Wasser verbraucht, als es eigentlich bedürfen würde. Eine einfache Rechnung: Für eine Tasse Kaffee brauchen Sie etwa 200 ml Wasser? Weit gefehlt: Tatsächlich sind es über 130 l! Der sogenannte *Wasserfußabdruck* von Konsumgütern bezieht den Anbau, die Herstellung, den Transport, den Handel usw., bis die Tasse Kaffee auf Ihrem Tisch steht, mit ein. Für einen Schuss Milch kommen dann übrigens noch einmal 80 l Wasser dazu.

Unser Konsumverhalten geht nie spurlos an der Umwelt vorbei. Wird zu viel konsumiert, entsteht ein Ungleichgewicht, das sich in der Natur deutlich bemerkbar macht: Waldsterben, Klimawandel, Artensterben – alle diese Umweltschäden gehen mit unserem Umgang mit der Natur einher.

**SCHON GEWUSST?**

Forschende gehen davon aus, dass der Meeresspiegel bis ins Jahr 2100 um 90 cm steigen könnte. Zum Vergleich: Venedig liegt – derzeit – etwa 90 cm über dem Meeresspiegel. Die Lagunenstadt würde dann untergehen.

### ES WIRD IMMER HEIßER

Ein Hitzerekord bricht den nächsten: 2015 war es heißer als 2014, 2016 heißer als 2015 und 2017 war es im Durchschnitt heißer als im gesamten letzten Jahrhundert. In den letzten 50 Jahren wird es immer heißer auf unserer Erde: 16 der 17 heißesten Jahre seit Beginn der Wetteraufzeichnungen traten nach dem Jahr 2000 auf.

Wetter und Klima auf der Erde haben sich schon immer gewandelt. In der langen Geschichte des Planeten war die Erdoberfläche schon beinahe gänzlich von Eis bedeckt – was ist also an einem Temperaturanstieg von weltweit durchschnittlich 0,8 Grad so beängstigend? Ganz einfach: Es ging

Für eine lebenswerte Zukunft: Es gibt nur diese eine Erde

noch nie so schnell und dieser Klimawandel ist nicht natürlich. Der Mensch hat ihn gemacht. Das Kohlenstoffdioxid ($CO_2$) und andere Treibhausgase, die er seit der Industrialisierung in die Atmosphäre pumpt, sind schuld an dem rasanten Klimawandel – manch einer spricht sogar von einer Klimakatastrophe. 97% der Studien von Klimaforschenden kommen zu diesem Schluss.

## AM FREITAG FÜRS KLIMA

Seit 2018 gehen weltweit junge Menschen jeden Freitag auf die Straße, um sich für mehr Klimaschutz einzusetzen. Sie streiken dafür, dass die Klimaziele eingehalten werden, die im Pariser Klimaabkommen von 2015 von den Vereinten Nationen beschlossen wurden. Die Staaten haben sich auf Grenzwerte bei Temperaturanstieg und Luftverschmutzung verständigt. Mittlerweile streiken auch viele Erwachsene mit und auch Kitas und Kitaverbände setzen sich bei *Kita for Future* dafür ein, dass der Staat seiner Verantwortung nachkommt, zukünftige Generationen und die natürlichen Lebensgrundlagen zu schützen. Klar ist: Wir können den Klimawandel und seine Folgen, die wir jetzt schon spüren, nicht mehr aufhalten – im besten Fall wird das Geschehen verlangsamt.

# AUCH KLEINE SCHRITTE VERÄNDERN DIE WELT

## 8 Ruck-zuck-Umwelttipps

Viele Menschen haben das Gefühl, allein nichts ändern zu können. Doch das ist falsch! Jeder kann für sich selbst einen Aspekt auswählen, den er gern umsetzen möchte. Die nächsten Schritte werden dann von ganz allein kommen. Manche gehen auch gleich „aufs Ganze" und krempeln alles auf einmal um. Hierbei sollte allerdings beachtet werden: Wenn man sich aus Umweltschutz- und Gesundheitsgründen beispielsweise gegen die im Haushalt befindlichen Plastikdosen entscheidet, wäre es ein Fehler, diese wegzuwerfen und somit den Müllberg zu erhöhen. Besser wäre hier, die Plastikbehälter zu verschenken oder anderweitig zu nutzen (z. B. zur Aufbewahrung von Kleinteilen).

### BIENENBLUMEN

Schon mit kleinen Ideen kann man Großes bewirken: Sie müssen nicht gleich einen ganzen Garten für Bienen anlegen – wie sollte das in einer Großstadt auch gehen? Aber: Mit einer insektenfreundlichen Blumenwiese, mit Blumenkästen oder -töpfen auf dem Balkon können viele fliegenden Insekten glücklich gemacht werden! Besonders beliebt bei fliegenden Insekten sind Bärlauch, Krokusse, Lavendel, Salbei, Sonnenblumen oder auch Oregano.

Durch eine Änderung des eigenen Verhaltens verändert sich auch die Wahrnehmung der anderen auf sich selbst. Jeder Einzelne kann etwas vorleben, Vorbild sein und das eigene Wissen an seine Mitmenschen (egal ob groß oder klein) weitergeben. Im Anhang finden Sie eine Checkliste, der Sie Anregungen entnehmen können, um Ihren Alltag umweltfreundlicher zu gestalten – den privaten wie auch den Kindergartenalltag. Bei den Ruck-zuck-Umwelttipps ist für jeden etwas dabei, das einfach umgesetzt werden kann. Im Anhang auf Seite 56 finden Sie die Tipps noch einmal als übersichtliche Checkliste, die Sie auch an die Eltern ausgeben können – wie viele Haken können Sie machen und verändert sich vielleicht in Zukunft etwas?

## RUCK-ZUCK-UMWELTTIPPS

### 1 Wasser sparen? Hahn zudrehen!

Oft wird das Wasser laufen gelassen, obwohl es gar nicht gebraucht wird. Deshalb: Beim Zähneputzen oder Händeeinseifen einfach den Hahn zudrehen und das Wasser sparen!

### 2 Fleischkonsum reduzieren!

Bei der Fleischherstellung kommt es zu einem hohen $CO_2$-Ausstoß, außerdem müssen Waldflächen weichen – lieber selten, dafür regionales Fleisch essen, oder ganz auf vegetarische Kost umsteigen.

### 3 Geräte richtig ausschalten!

Elektrogeräte ziehen auch im Stand-by-Modus Strom. Wer der Umwelt etwas Gutes tun möchte, stellt diese ganz aus oder zieht den Stecker und schaltet die Geräte wirklich nur dann ein, wenn sie tatsächlich gebraucht werden.

### 4 Auf unnötiges Verpackungsmaterial verzichten!

Bananen haben glücklicherweise schon eine Verpackung, auf einen Plastikbeutel kann daher getrost verzichtet werden. Ein Einweg-Kaffeebecher wird durch einen umweltfreundlichen Keramikbecher ersetzt und an der Wurst- und Fleischtheke können die Produkte vielerorts gleich in eigens dafür mitgebrachte Behältnisse eingepackt werden. Stoffbeutel nicht vergessen!

### 5 Auf Palmöl verzichten!

Palmöl trägt zur Vernichtung des Regenwaldes bei und sollte daher unbedingt vermieden werden. Gerade in Fertigprodukten, süßen Aufstrichen, aber auch in Seife oder Pflegeprodukten, findet sich das Öl – lieber auf alternative Produkte ausweichen!

### 6 Richtig lüften!

Mehrmals am Tag die Fenster ganz öffnen und für Durchzug sorgen – das ist viel effektiver, als den ganzen Tag ein Fenster gekippt zu haben. Dadurch werden nur Kältebrücken geschaffen und während der Heizperiode wird unnötig Energie verschwendet.

### 7 Das Auto stehen lassen!

Kurz zum Bäcker oder die Kinder von der Kita abholen – mit dem Auto ist das praktisch. Doch oft braucht man gerade bei den Kurzstrecken mit dem Auto durch den Verkehrsdschungel länger als mit dem Rad oder zu Fuß. Übrigens lernen Kinder ihren Wohnort und die Verkehrsregeln zu Fuß viel besser kennen als aus dem Auto heraus.

### 8 Wäsche an der Luft trocknen!

Wer die Möglichkeit hat, sollte auf den Trockner verzichten und die Wäsche an der Luft trocknen lassen – das schont die Umwelt und den Geldbeutel.

# UMWELTSCHUTZ IN DER KITA

## In 4 Schritten zu mehr Nachhaltigkeit

Waldtage, Ausflüge, Bienenwochen – natürlich ist das Thema *Natur & Umwelt* in Ihrer Arbeit präsent. Aber es soll nicht einfach bei Projekten bleiben, Umweltschutz soll nachhaltig im Alltag gelebt werden! Veränderungen auf dem Weg zur umweltfreundlichen Kita erscheinen nicht immer so einfach: Verschiedene Interessen müssen vereinbart, Gegebenheiten beachtet werden. Der Träger, das Team und die Eltern müssen ins Boot geholt werden. Das kann eine Herausforderung sein, denn der pädagogische Alltag bleibt auch nicht stehen. Auf den folgenden Seiten finden Sie praktische Tipps, wie der Prozess angestoßen werden kann – am besten gehen Sie in 4 Schritten vor.

### 1 Abstimmung mit dem Träger

Da der Träger die Verantwortung für eine Einrichtung trägt, ist dieser von Anfang an miteinzubeziehen. Es kann gut sein, dass der Impuls zur umweltfreundlichen Kita sogar vom Träger selbst kommt. Sollte dies aber nicht der Fall sein, informieren Sie den Träger und stimmen Sie sich mit ihm über die Möglichkeiten ab. Denn der Träger trägt nicht nur die Verantwortung, er stellt auch notfalls das erforderliche Budget zur Veränderung zur Verfügung oder unterstützt Fortbildungsmaßnahmen in diesem Bereich.

Abhängig davon, wie umfangreich Sie das Thema *Umweltschutz im Kindergarten* angehen möchten, kann es übrigens notwendig sein, das Leitbild der Kita anzupassen – und auch dies erfordert die Zustimmung durch den Träger.

### 2 Auseinandersetzung im Team

Vielleicht haben Teammitglieder selbst schon die Anregung gemacht, den Kita-Alltag umweltfreundlicher zu gestalten. Oder Sie haben nur darauf gewartet, dass eine Person die Idee in die Teamrunde einbringt. Damit dieses spannende und vor allem wichtige Thema sinnvoll und dauerhaft umgesetzt werden kann, muss es intensiv im Team angegangen und eine mögliche Umsetzung besprochen werden. Nur wenn sich alle einig sind und an einem Strang ziehen, kann das Team viel bewegen.

Dabei gilt es, wichtige Fragen zu klären: Welches Know-how haben wir schon, wo brauchen wir vielleicht eine Fortbildung? Wie viel Budget benötigen wir und wie beziehen wir die Eltern ein? Als Unterstützung für Ihre Teamsitzung finden Sie im Anhang auf Seite 57 eine Checkliste mit diesen und weiteren Punkten zum Projektstart.

Durch das Beantworten der Fragen und die Dokumentation bekommt das Projekt Hand und Fuß – und was bisher nur als Idee existierte und aufwendig gewirkt hat, wird überschaubar und gut zu bewältigen.

## 3 Einbeziehen der Eltern

Im Kindergartenalltag wird üblicherweise an den Elternabenden und durch Elternbriefe über laufende Projekte informiert. Da das Thema *Umweltschutz* dann die meisten Früchte trägt, wenn die Kinder Gelerntes aus dem Kindergarten auch zu Hause wiederfinden, ist es ratsam, dazu einen eigenen Informationstermin anzusetzen. Auch zu diesem Schritt finden Sie im Anhang auf Seite 58 eine Checkliste, die Ihnen für die Elterninformation eine Hilfe sein soll.

In einer solchen Runde können Eltern dann ihre Fragen stellen, aber vielleicht auch noch selbst Anregungen und Ideen einbringen. Vielleicht ist eine der Eltern Imkerin und kann sich einen Kita-Besuch vorstellen? Vielleicht gibt es einen Förster unter den Eltern, der die Kinder zu einem Waldausflug mitnimmt? Manchmal sind auch handwerklich begabte Eltern dabei, die gern ein Insektenhotel mit den Kindern bauen möchten. Auf Anfrage werden sich sicherlich einige Eltern finden, die Sie gern tatkräftig bei Ihrem Projekt unterstützen!

Und der große Vorteil dabei: Bringen sich die Eltern hier auch mit ein, werden sie mit mindestens genauso viel Eifer wie ihre Kinder an das Thema *Umweltschutz* herangehen!

## 4 Umsetzung mit den Kindern

Kinder stecken voller Ideen. Bezieht man sie mit ein, blühen sie auf, fühlen sich wertgeschätzt und werden emotional gestärkt. Die Kinder können von Anfang an ihren Ideenreichtum mit einfließen lassen: zum Beispiel zum Start des Projekts durch eine Kinderkonferenz. Hier können sie ihr bereits vorhandenes Wissen einbringen und eigene Ideen zur Umsetzung nennen.

Die Ideen in diesem Buch sind darauf ausgelegt, dass Kinder die Natur und die Umwelt kennen- und schätzen lernen. In dieser Runde – oder zum Beispiel im Morgenkreis – kann dafür die Schatzkiste eingeführt werden, vielleicht schon mit dem ersten Mitbringsel zum Thema *Umweltschutz*. Oder aber auch mit Marie und Nick, den beiden Stabpuppen, die die Kinder mit ihrem Umweltschützer-Know-how auf ihrer Reise zum Umweltschützer begleiten werden. Nähere Informationen zu Marie und Nick und der Arbeit mit der Schatzkiste finden Sie auf den Seiten 5, 14 und 15.

# DIE UMWELTPROFIS KOMMEN

## Marie und Nick stellen sich vor

Marie und Nick haben sich dem Umweltschutz verschrieben. Sie möchten den Kindern in der Kita zeigen, wie Umweltschutz und Nachhaltigkeit funktionieren kann. Mithilfe der Steckbriefe stellen Sie Marie und Nick vor. Außerdem befinden sich im Anhang zwei Kopiervorlagen für Stabpuppen der beiden Umweltprofis. Einfach in Farbe kopieren und auf einen Holzstab kleben – schon können Marie und Nick bei den Projektideen eingesetzt werden und das Umweltprojekt noch lebendiger werden lassen. Auch für die Kinder können Kopien von Marie und Nick angefertigt werden – für ihre eigenen Projektunterlagen.

### MARIE UND NICK, DIE UMWELTPROFIS

**Schatzkiste:**
Stabpuppen von Marie und Nick

Marie und Nick sind neu in eurem Kindergarten. Sie wollen sich heute erst einmal vorstellen *(Infos aus dem Steckbrief geben und evtl. Fragen kreativ beantworten)*.
Die zwei haben auch ein ganz tolles Hobby: Sie sind Umwelt-Experten *(Kinder sagen lassen, was wohl ein Umwelt-Experte ist und was man dafür können muss)*.
Marie und Nick wollen euch dabei begleiten, selbst Umwelt-Experten zu werden, und werden uns jeden Tag/jede Woche neue Ideen rund um die Umwelt und die Erde mitbringen. In der Schatzkiste finden wir immer spannende Materialien, Bilder und Spiele *(zeigen)*. Und sogar heute haben sie schon etwas für euch in die Kiste gepackt! Sollen wir mal hineinschauen?

# STECKBRIEF Marie

- 5 Jahre alt
- braune Haare
- grüne Augen
- Lieblingsfarbe: Lila
- Hobby: spielt gern in der Natur
- ist Umwelt-Expertin
- hat ein Zwergkaninchen, um das sie sich sehr gut kümmert

# STECKBRIEF Nick

- 5 Jahre alt
- blonde Haare
- braune Augen
- Lieblingsfarbe: Blau
- Hobby: baut im Garten gern Lager oder Höhlen
- ist Umwelt-Experte
- hat einen kleinen Hund, mit dem er viel Gassi geht

# DAS UMWELTSCHÜTZER-QUIZ

Ihre Kinder sind richtige Umweltprofis? Dann haben sie sich ihr Umweltschützer-Diplom mehr als verdient! Zu den Inhalten in diesem Buch finden Sie hier ein Beispiel-Quiz und verschiedene Beispiel-Stationen, die vor der feierlichen Diplom-Übergabe durchlaufen werden.

Das Quiz sollte so gestaltet sein, dass alle Kinder in der Lage sind, es zu lösen. Die Fragen können in der Kindergartenrunde gestellt werden. Doch um nicht nur eine trockene Frage-Antwort-Situation zu schaffen, werden auch Stationen aufgebaut, an denen die Kinder ihr Wissen unter Beweis stellen können.

## UMWELTSCHÜTZER-DIPLOM

Im Anhang findet sich eine Vorlage für ein Umweltschützer-Diplom. Nach dem Quiz oder der Bearbeitung der Themen kann dieses an alle Kinder ausgehändigt werden. Selbstverständlich sollen alle Kinder ein Diplom erhalten und sich so an die schönen Projekttage mit der Schatzkiste erinnern.

## DAS UMWELTSCHÜTZER-QUIZ

- **Wissensfrage:** Was ist Wetter, was ist Klima?
- **Wissensfrage:** Kennst du die vier Jahreszeiten?
- **Sortieraufgabe:** Was hat einen weiten Weg und was kommt von unseren Bauern? (Banane, Apfel, Ananas, Karotte, Kiwi, Salat – die Kinder sortieren die Früchte einem Spielflugzeug oder einem Spieltraktor zu)
- **Sortieraufgabe:** Womit kann man Energie gewinnen? (Die Kinder sortieren Bilder zum Beispiel von: Sonne, Wind, Turnschuh, Stuhl, Wasser, ...)

Mehr unverpackt geht nicht – die Erdbeeren aus dem eigenen Garten

## UMWELTSCHÜTZER-DIPLOM-PARTY

Kinder feiern gern – besonders, wenn es etwas zu feiern gibt! Und was kann ein schönerer Anlass sein als eine Diplom-Übergabe? Doch als Umweltschützer achtet man natürlich auf umweltverträgliche Materialien für die Party.

Damit die Diplom-Übergabe im Sinne aller Umweltschützer stattfinden kann, im Folgenden ein paar Ideen für eine erfolgreiche Party:

- Einweggeschirr hat hier nichts zu suchen – das übliche Kindergartengeschirr kommt zum Einsatz.
- Girlanden? Natürlich! Mit aufgefädelten Blättern, Kastanien, Eicheln, Hagebutten …
- Etwas zum Essen und Trinken? Klar, mit Wasser aus Glasflaschen, ungesüßten Tees, Selbstgebackenem sowie frischem Obst und Gemüse – unverpackt natürlich!
- Servietten? Nur, wenn jedes Kind seine eigene Stoffserviette hat oder mitbringt.
- Tischdecken? Liebend gern – dann aber aus Stoff!
- Oder Tischsets? Warum nicht – aus Stoff für jedes Kind ein eigenes. Das kann dann auch noch individuell bemalt werden!

# DER KLIMAWANDEL

## und seine Folgen

# VON FROSTIG KALT BIS BRÜTEND HEISS

## Was sind eigentlich Klimazonen?

Wetter und Klima – für manche ist es schwierig, die beiden Begriffe voneinander zu trennen, denn irgendwie hängen diese miteinander zusammen. Doch worin liegt nun genau der Unterschied? Das Wetter meint einen kurzfristigen Zustand: Das, was wir an einem bestimmten Ort und zu einer bestimmten Zeit draußen erleben, z. B. Sonne, Regen oder Schnee. Klima – das sind die typischen Wetterverhältnisse eines großflächigen Gebietes über einen langen Zeitraum (mindestens 30 Jahre). Unsere Erde ist in verschiedene Klimazonen aufgeteilt, die Auskunft über die dort herrschenden Klimaverhältnisse geben.

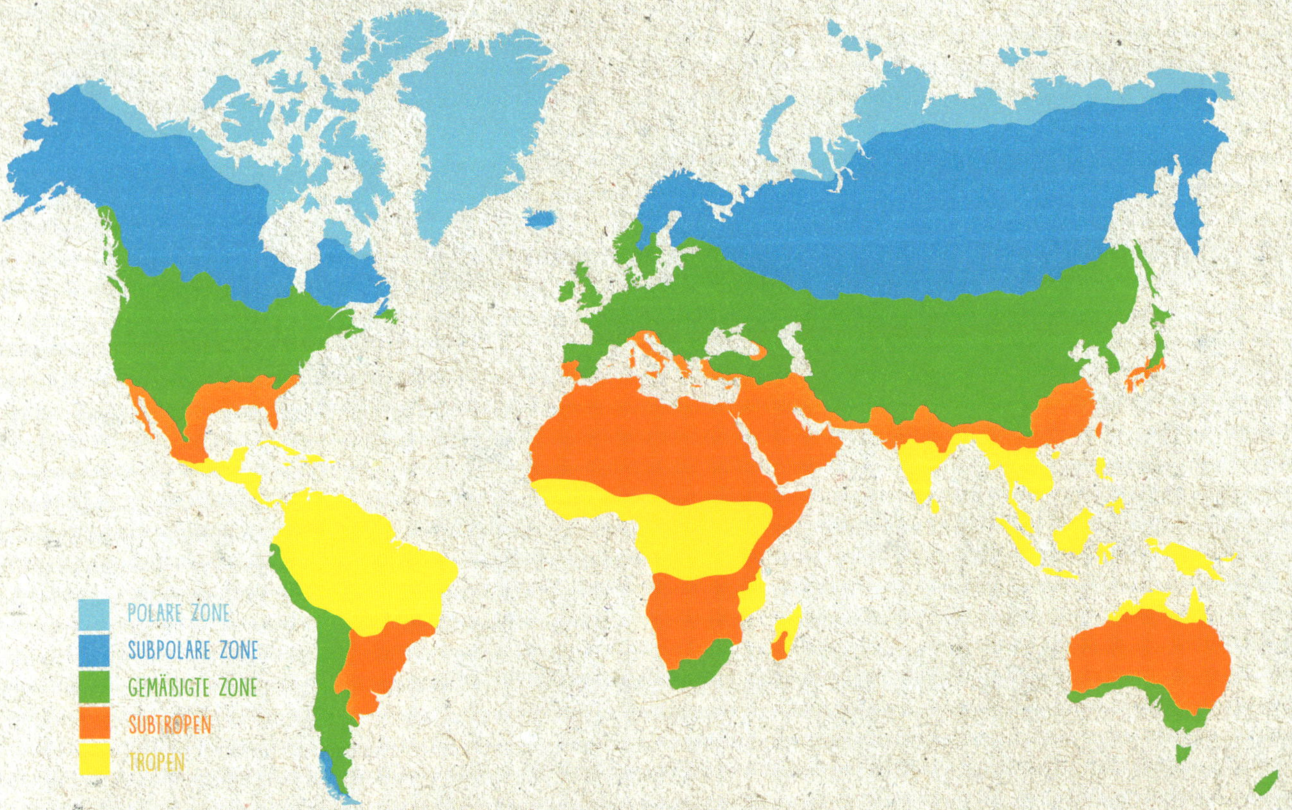

## POLARE ZONE

Die Polarzonen der Erde sind Kältewüsten, deren durchschnittliche Temperatur unter 0 Grad liegt und bis –45 Grad erreichen kann. Eine Vegetation ist dort praktisch nicht vorhanden. Hier gibt es kaum Niederschläge.

## SUBPOLARE ZONE

In der subpolaren Zone gibt es keinen deutlichen Jahreszeitenwechsel. Kurze Sommer und trockene und lange Winterzeiten bestimmen das Klima dort. Die Vegetation wird durch die Tundra (kalte Steppe) bestimmt: Moose, Flechten, Gräser, kleine Sträucher.

## GEMÄßIGTE ZONE

In der gemäßigten Zone sind die Jahreszeiten am deutlichsten ausgeprägt. Hier gibt es kaum extreme Temperaturen, die Durchschnittstemperatur beträgt 15 Grad und das ganze Jahr über finden Niederschläge statt. Laub-, Nadel- und Mischwälder wachsen zahlreich.

## SUBTROPEN

In den Subtropen finden sich ganzjährig durchschnittliche Temperaturen über 20 Grad. Deshalb ist dort auch eine ganzjährige Vegetationsperiode, also ein ganzjähriger Pflanzenwachstum, möglich.

## TROPEN

Zwar kann es zu Temperaturschwankungen zwischen 0 und 40 Grad kommen, doch durchschnittlich liegt die Temperatur in den Tropen bei 25 Grad – hier herrscht also ein Tageszeitenklima: Die täglichen Temperaturschwankungen sind größer als die jährlichen. Typisch für die Tropen ist der Zenitalniederschlag: kurze, intensive, meist tägliche Regenfälle.

**SCHON GEWUSST?**

Etwa die Hälfte aller (am Land lebenden) Tierarten lebt in den Regenwäldern!

# DIE SONNE MACHT DAS KLIMA

## Wie Klimazonen entstehen

Viele Faktoren beeinflussen das Klima, z. B. die Entfernung zum Meer oder die Höhe über dem Meeresspiegel, doch den größten Einfluss hat die Sonne: Die Erde umkreist leicht geneigt die Sonne – so treffen die Sonnenstrahlen ungleich auf die Erde. Mit diesem Versuch machen Sie das für die Kinder erfahrbar.

### AUF DEN BREITENGRAD KOMMT ES AN

Am Äquator treffen die Sonnenstrahlen fast senkrecht auf die Erde, deswegen ist es hier am heißesten. Die Pole erreicht die Sonne in einem größeren Winkel – hier verteilen sich die Sonnenstrahlen auf einer größeren Fläche und es bleibt kühler. Auch die Jahreszeiten sind von der Sonneneinstrahlung abhängig.

## MARIE UND NICK UND DIE SONNENSTRAHLEN

**Schatzkiste:**
Taschenlampe

Es gibt Tag und Nacht, weil die Erde die Sonne umkreist und sich außerdem noch einmal um sich selbst dreht. Marie hat eine Taschenlampe mitgebracht und schaltet sie an. Nick dreht sich vor Marie einmal um sich selbst *(mit den Stabpuppen nachstellen)* – wenn das Licht auf Nicks Gesicht scheint, dürft ihr „Tag" rufen – scheint die Sonne auf seinen Rücken, flüstert ihr „Nacht".

## EXPERIMENT: TAG UND NACHT AUF DER MINI-ERDE

**Material:**
Styroporkugel, Stifte, Zahnstocher, Taschenlampe, Weltkarte oder Globus als Vergleich

Die Kinder stechen als Erdachse die Zahnstocher in die Styroporkugel. Um es noch plastischer zu machen, können die Kontinente auf die Erdkugel übertragen und Deutschland mit einer Stecknadel markiert werden. Ein Kind hält nun die Erde an den Zahnstochern fest, ein anderes hat eine Taschenlampe parat. Dunkeln Sie den Raum ab. Mit der Taschenlampe als Sonne wird die Erdkugel angeleuchtet und diese langsam gegen den Uhrzeigersinn gedreht.

**SCHON GEWUSST?**

In der Sonne herrschen 15 Millionen Grad – ganz schön heiß! Auf der Oberfläche der Sonne sind es immerhin noch 5.600 Grad. Ein Teil dieser Energie erreicht auch die Erde. Ohne die Sonne wäre ein Leben auf der Erde nicht möglich.

# MANCHE MÖGEN'S HEIß

## Tiere in den Klimazonen

Pinguin, Känguru oder Orang-Utan - außerhalb von Zoos trifft man diese Tiere bei uns nicht an. Und am Nordpol hat man auch noch kein Eichhörnchen gesehen. Doch warum ist das so? Tiere brauchen bestimmte Lebensräume und klimatische Bedingungen, um sich heimisch zu fühlen. Der Klimawandel zerstört viele dieser Lebensräume und führt zu Artensterben - das betrifft nicht nur die Eisbären am Nordpol.

### KLIMAWANDERER

Praktisch, wenn man Flügel hat - so kann man sich seine Klimazone nämlich einfach aussuchen. Jedes Jahr machen sich Zugvögel auf den Weg in ihre Winterquartiere im warmen Süden, da sie im Winter bei uns zum Beispiel einfach nicht genug Nahrung finden würden.

## WO WOHNT DER PINGUIN?

**Schatzkiste:**
Weltkarte oder Kopiervorlage 5: *Klimazonen*, Kopiervorlage 6: *Tiersteckbriefe*

Tiere fühlen sich an unterschiedlichen Orten auf der Welt wohl (*eine Weltkarte liegt in der Mitte, die Tiersteckbriefe ausgeschnitten daneben*). In den verschiedenen Klimazonen sind die Bedingungen so, dass bestimmte Tiere hier eine Heimat finden. Marie weiß zum Beispiel, dass Robben in der Polarzone zu Hause sind. Nick weiß, dass das Känguru in Australien wohnt - doch wo leben die anderen Tiere? (Kinder ordnen die Tiersteckbriefe zu)

## SPIELIDEE: DER KLIMAZAUBERER

Mit einem Bewegungsspiel erleben die Kinder die Klimazonen: Ein Kind ist der Klimazauberer und erhalt ein Klanginstrument. Die anderen Kinder bewegen sich frei im Raum, bis der Klimazauberer das Instrument ertönen lässt und eine Klimazone ansagt. Die Kinder nehmen dann die dazu passende Haltung ein.

- **Polare Zone:** Stillstand, alles friert ein
- **Subpolare Zone:** Zeitlupenbewegung
- **Gemäßigte Zone:** normal gehen
- **Subtropen:** schnelles Schreiten
- **Tropen:** auf Zehenspitzen rennen

**SCHON GEWUSST?**

Das Zugverhalten der Vögel ändert sich: Durch die globale Erwärmung haben wir in Deutschland Überwinterungsgäste, die normalerweise viel weiter in den Süden fliegen würden. Andere Zugvögel machen sich gar nicht mehr erst auf die beschwerliche Reise und bleiben einfach, Weißstörche zum Beispiel.

# FRÜHLING, SOMMER, HERBST UND WINTER

## Jahreszeiten im Überblick

Unsere Erde braucht etwa 24 Stunden, um sich einmal um sich selbst zu drehen – ein Tag ist also eine Erdumdrehung. Da die Erde um die Sonne kreist und sich dabei dreht, ist immer eine Seite der Sonne zugewandt. Dadurch entstehen Tag und Nacht. Um die Sonne zu umkreisen, braucht die Erde 365 Tage, ein ganzes Jahr. Da die Erdachse nicht gerade, sondern leicht geneigt ist, treffen die Sonnenstrahlen in einem unterschiedlichen Winkel und damit mit unterschiedlicher Intensität auf die Erde. Dadurch entstehen in den gemäßigten Klimazonen die Jahreszeiten.

Zwischen März und September ist die Nordhalbkugel der Sonne stärker zugeneigt – daher wird es bei uns wärmer. Die Jahreszeiten sind auf der Südhalbkugel genau umgekehrt: Dort ist Winter, wenn bei uns Sommer ist.

Der **Frühling** ist die Jahreszeit, in dem alles erwacht. Der meteorologische Frühling geht über die Monate März, April und Mai. In diesen Monaten wachsen und blühen die ersten Frühjahrsblüher, viele Tiere bekommen ihre Jungen und die Zugvögel kehren nach Hause zurück.

### KREATIVIDEE: BAUERNKALENDER

Die Kinder wählen für jeden Monat eine Bauernregel aus, malen in einen Bastelkalender ein schönes, dazu passendes Bild und kleben dann die Bauernregel ein. So können sie ein ganzes Jahr lang das Wetter beobachten.

Der meteorologische **Sommer** dauert von Juni bis August. Der Sommer ist die heißeste Jahreszeit, oft mit Temperaturen über 30 Grad. Gerade in diesen Monaten kommt es oft zu Gewittern.

Zu den **Herbstmonaten** gehören auf der Nordhalbkugel der September, Oktober und der November. Diese Jahreszeit ist gekennzeichnet von Winden und Stürmen aber auch von bunten Herbstblättern und goldenen Wäldern.

Der **Winter** dauert dann von Dezember bis Februar. Er wird auch als die dunkelste Jahreszeit beschrieben. Im Winter herrschen die kältesten Temperaturen, die Bäume und Pflanzen haben ihre Blätter verloren und viele Tiere sind im Winterschlaf oder halten Winterruhe.

## DIE BEDEUTUNG DER JAHRESZEITEN

In der gemäßigten Zone sind die Jahreszeiten wichtig für die Menschen, weil sich die ganze Landwirtschaft danach richtet. Das Wechselspiel von Frost, Niederschlägen, genügend Sonne und Wärme sorgt für eine reiche Ernte und genügend Lebensmittel für Mensch und Natur.

Gerade in der Landwirtschaft ist es also wichtig, Anzeichen für einen Wetterumschwung zu erkennen. Dies kann entscheidend für einen guten Ertrag sein. Dieses Wissen, das früher oft von Generation zu Generation weitergegeben wurde, steckt in Bauernregeln – in denen oft ein Fünkchen Wahrheit steckt. Auf S. 67 und 68 finden Sie eine kleine Sammlung von Bauernregeln, die Sie für eine gemeinsame Wetterbeobachtung mit den Kindern nutzen können. Vielleicht finden die Kinder heraus, ob etwas dran ist!

### SCHON GEWUSST?

Am 21. Juni scheint die Sonne auf der Nordhalbkugel am längsten: Ganze 17 Stunden ist es dann etwa hell – das ist der Tag der Sommersonnenwende. Zur Wintersonnenwende am 21. Dezember scheint die Sonne nur etwa 7 Stunden.

# HEUTE KANN ES REGNEN, STÜRMEN ODER SCHNEIEN

## Was ist eigentlich Wetter?

Wetter ist der zu einem bestimmten Zeitpunkt an einem bestimmten Ort herrschende atmosphärische Zustand. Dazu gehören alle Wettererscheinungen wie Sonne, Wind, Gewitter, Regen oder Schnee. Die Wetterbeobachtung ist eine eigene Wissenschaft – sie wird Meteorologie genannt.

### DIE SONNE MACHT DAS WETTER

Der Motor des Wetters ist die Sonne. Sie macht den Wind, indem sie die Luft erwärmt, und lässt das Wasser verdunsten und zu Wolken werden. Die Sonne ist also auch für die Niederschläge auf der Erde verantwortlich.

## WELCHES WETTER IST HEUTE?

**Schatzkiste**
Kopiervorlage 8: *Wetterkärtchen*

Nick liebt den Sonnenschein - er ist so gerne draußen und tobt und klettert im Garten. Marie mag das Regenwetter am liebsten: Sie hüpft gerne in die Pfützen und kocht gerne in ihrer Matschküche. In unserer Kreismitte findet ihr viele Bilder von verschiedenem Wetter. Zieht euch eine Karte und erzählt: Welches Wetter mögt ihr denn am liebsten? Und wenn wir aus dem Fenster schauen: Welches Wetter haben wir heute? Gibt es auch Wetter, das es nur zu bestimmten Jahreszeiten gibt?

## KREATIVIDEE: REGEN IM GLAS

**Material:**
2 Tuben blaue Lebensmittelfarbe, 1 Dose Rasierschaum, 2 Gläser Wasser und 1 Teelöffel je Kind

In das eine Wasserglas geben die Kinder einen Spritzer blaue Lebensmittelfarbe und rühren dieses dann gut um. In das andere Glas sprühen die Kinder vorsichtig Rasierschaum auf die Wasseroberfläche. Mit dem Teelöffel geben die Kinder dann etwas blau gefärbtes Wasser auf die Rasierschaumwolke. Schon nach kurzer Zeit regnet es im Rasierschaumglas: Das gefärbte Wasser sickert durch die Rasierschaumwolke und es fällt wie Regen auf den Glasboden.

**SCHON GEWUSST?**

Der Mythos des Wetterfroschs geht auf die Beobachtung Europäischer Laubfrösche zurück, die bei warmem Wetter an Pflanzen hochklettern - nicht etwa, weil sie das Wetter vorhersagen können, sondern weil Insekten höher fliegen, wenn es warm ist.

# ES WIRD WÄRMER AUF DER WELT

## Was es mit dem Klimawandel auf sich hat

Ganz grundsätzlich versteht man unter Klimawandel die Abkühlung oder Erwärmung des Klimas auf der Erde über einen längeren Zeitraum. Damit einher gehen Veränderungen bei Temperatur, Niederschlag, Wind … Klimawandel gab es schon immer auf der Erde: Bis vor 4.000 Jahren gab es beispielsweise Mammuts, denen es heute viel zu warm bei uns wäre. Normalerweise gehen diese Veränderungen sehr langsam vonstatten, die Natur hat genug Zeit, sich darauf einzustellen.

Seit der Industrialisierung hat sich das Klima aber in einem so rasanten Tempo erwärmt wie noch nie zuvor. In den letzten 100 Jahren ist es auf der Erde 1 Grad wärmer geworden. Das klingt erst einmal harmlos, hat aber dramatische Folgen für das sensible Gleichgewicht der Erde.

### WELCHE FOLGEN HAT DER KLIMAWANDEL?

**Der Meeresspiegel steigt**
Die Gletscher und das Eis an den Polen schmelzen. Dadurch steigt der Meeresspiegel und Küstenregionen werden überschwemmt. Inseln werden kleiner oder verschwinden. Der Lebensraum von Mensch und Tier ist dadurch massiv bedroht.

**Die Ozeane werden wärmer**
Temperaturanstiege im Meer bringen das Gleichgewicht der Ozeane durcheinander – viele Fische, Wale und vor allem Korallen werden dadurch verschwinden.

**Artensterben**
Tiere und Pflanzen können sich dem rasanten Klimawandel nicht schnell genug anpassen und sind vom Aussterben bedroht. Ihre Lebensräume ändern sich und so finden sie nicht mehr die richtigen klimatischen Bedingungen für sich vor.

Weltweit werden 42 Fußballfelder Regenwald abgeholzt – pro Minute!

**Das Wetter verändert sich**
Extreme Wetterverhältnisse wie Dürren, Starkregen mit Überschwemmungen, Hitzewellen und heftige Stürme bringt der Klimawandel mit sich.

**Die Jahreszeiten verschieben sich**
Eine weitere deutlich spürbare Auswirkung für die Landwirtschaft: Der Frühling startet immer früher. Zum Beispiel blühen die Apfelbäume inzwischen zwei Wochen früher als noch vor 50 Jahren. Oft sind zu dieser Zeit aber noch gar keine Bienen und Hummeln unterwegs, die die Blüten bestäuben könnten – also gibt es auch weniger Äpfel.

**Die Wälder sterben**
Die Wälder sind die grüne Lunge dieser Erde: Sie binden $CO_2$ und produzieren lebenswichtigen Sauerstoff. Durch große Trockenzeiten und ausbleibende Niederschläge sind sie anfälliger für Waldbrände. Durch Waldbrände werden Lebensräume für Tiere zerstört und das gebundene $CO_2$ in die Luft abgegeben – wodurch die Erdatmosphäre weiter aufgeheizt wird.

**SCHON GEWUSST?**

Natur und Tiere müssen immer wieder und immer mehr Einschnitte in ihren Lebensräumen verarbeiten und sich den neuen Gegebenheiten, soweit möglich, anpassen. Dies bedeutet Stress für Natur und Tiere. Laut Bericht zur Artenvielfalt der Vereinten Nationen sterben täglich bis zu 130 Tier- und Pflanzenarten aus.

# ÜBELTÄTER KOHLENSTOFFDIOXID

## Den Treibhauseffekt sichtbar machen

Klimaneutral - das bedeutet, dass eine Handlung oder ein Prozess keinen Einfluss auf das Klima nimmt. So kann zum Beispiel über den Kauf von regionalen Produkten der $CO_2$-Ausstoß reduziert werden, da lange Transportwege vermieden werden. Auch erneuerbare Energien und nachhaltige Forstwirtschaft tragen dazu bei, die $CO_2$-Produktion zu verringern. Doch warum ist das so wichtig und was hat das mit einem Treibhaus zu tun?

### DER TREIBHAUSEFFEKT

Der natürliche Treibhauseffekt macht Leben auf der Erde erst möglich. Die Sonne scheint auf die Erde und wärmt sie. Gase in der Atmosphäre um die Erde nehmen einen Teil der von der Erdoberfläche abgegebenen Wärmestrahlung auf und erhalten dadurch die Wärme. Ohne den Treibhauseffekt wäre die Erde vereist. Seit der Industrialisierung steigt die Konzentration von Treibhausgasen in der Atmosphäre, vor allem das $CO_2$, aber enorm, wodurch es auf der Erde immer wärmer wird.

## TOMATEN IM WINTER?

**Schatzkiste:**
Kopiervorlage 9: *Gewächshaus*

Nick und Marie haben in ihrem Garten ein Gewächshaus stehen – wisst ihr, wofür das gut ist? (Kinder erzählen) Genau richtig: Ein Gewächshaus, oder auch Treibhaus genannt, hat Wände und Decken aus Glas. Wenn die Sonne darauf scheint, wird es darin sehr schnell warm und man kann auch im Winter Salat, Gemüse und Obst anbauen. Wollen wir ausprobieren, wie das mit dem Treibhauseffekt funktioniert?

## EXPERIMENT: TREIBHAUSEFFEKT ERLEBEN

**Material:**
2 Gläser, je 50 g Erde, Waage,
2 Thermometer, 1 Deckel

Die Gläser werden mit je 50 g Erde befüllt. Je ein Thermometer kommt mit in ein Glas. Die Anfangstemperatur sollte in beiden Gläsern gleich sein (ggf. ein Glas kurz im Kühlschrank runterkühlen). Stellen Sie dann beide Gläser auf eine Fensterbank. Ein Glas wird mit einem Deckel verschlossen, das andere nicht. Nun überprüfen die Kinder alle 10 Minuten, ob die Temperatur steigt: In welchem Glas wird es schnell wärmer? Welche Temperatur hat das Glas ohne Deckel und welche Temperatur das Glas mit Deckel nach 1,5 Stunden?

**SCHON GEWUSST?**

Bäume und andere Pflanzen können das $CO_2$ in der Atmosphäre wieder in wertvollen Sauerstoff umwandeln – nur kommen die Bäume nicht mehr mit der Arbeit nach. Es wird zu viel Wald abgeholzt und zu viel $CO_2$ produziert.

# WO IST DENN DIESES $CO_2$?

## Luft sichtbar machen

Durch den Mehrverbrauch an Energie durch den Menschen steigt der Kohlenstoffdioxidgehalt in der Atmosphäre, der als der Hauptverursacher des Klimawandels gilt – doch kann man das Gas nicht sehen. In diesem Experiment machen die Kinder Gase sichtbar.

### HAUPTVERURSACHER VON $CO_2$

- Fossile Brennstoffe wie Erdöl, Erdgas oder Kohle
- Abholzung des Regenwalds
- Fleischproduktion und Fleischkonsum
- Transport (Auto, Flugzeug)
- Industrie

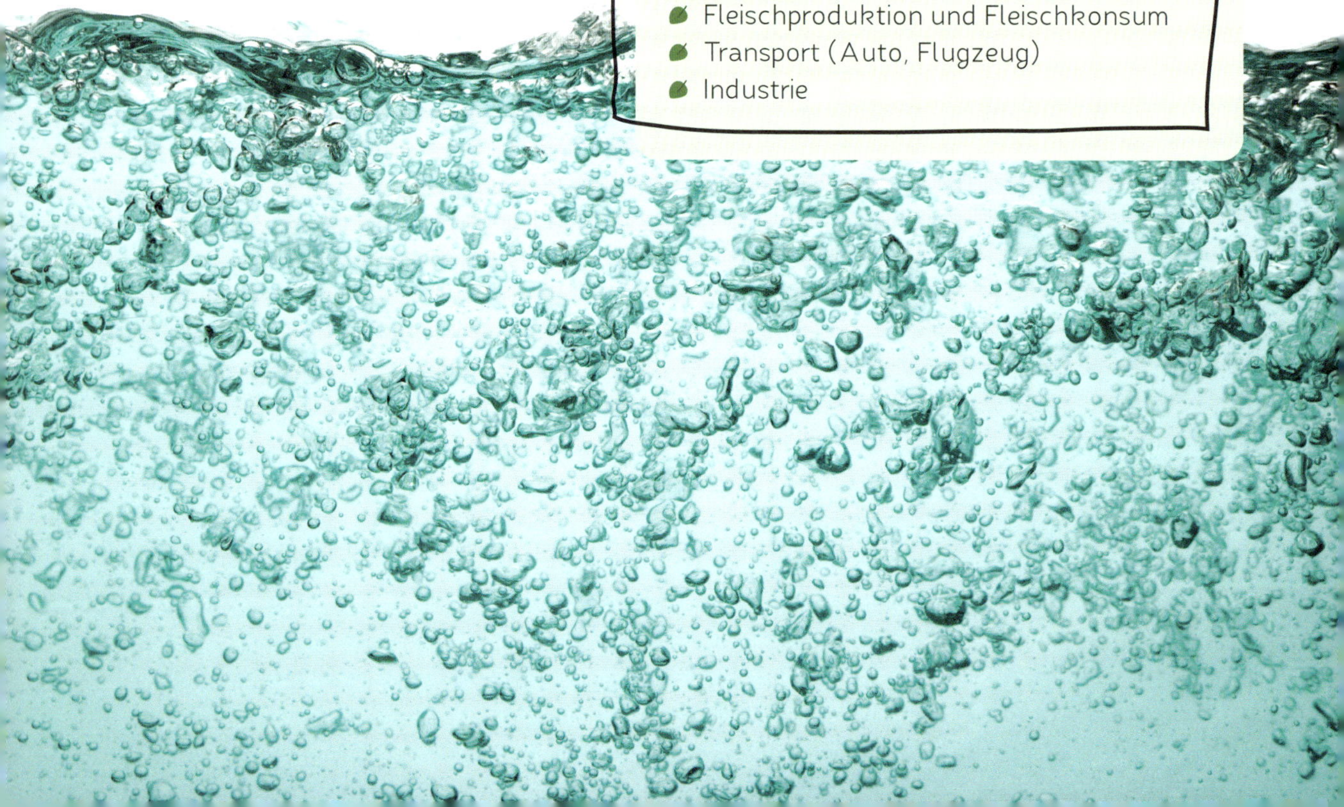

## ES PRICKELT AUF DER ZUNGE

**Schatzkiste:**
Sprudelwasser

Das kennt ihr bestimmt: Wenn ihr eine Flasche Sprudelwasser öffnet, dann zischt es ganz ordentlich und kleine Blubberbläschen steigen nach oben. Beim Trinken bitzeln die dann so lustig auf der Zunge. Wisst ihr, was das für Bläschen sind? (Kinder erzählen) Die Bläschen bestehen aus Kohlenstoffdioxid – das ist ein Gas, das dem Mineralwasser in der Flasche zugesetzt wird. Dann entsteht Kohlensäure – das ist das, was auf der Zunge prickelt! Marie und Nick haben zu Hause einen Wassersprudler, damit kann man das ganz leicht selbst machen. Im Wasser ist Kohlenstoffdioxid ganz ungefährlich – es gibt aber auch $CO_2$ in der Luft. Kann man Gase auch in der Luft sehen?

## EXPERIMENT: WIR FÜLLEN LUFT AB

**Material:**
durchsichtige Wanne mit Wasser,
2 Gläser

Ein Glas ist immer mit Luft gefüllt – um das sichtbar zu machen, führen die Kinder dieses Experiment durch: Ein Glas wird so in die Schüssel getaucht, dass es mit Wasser vollläuft. Das andere Glas wird senkrecht nach unten ins Wasser gedrückt, sodass die Luft im Glas bleibt. Die Öffnung der Gläser zeigt jeweils nach unten. Wenn man nun das Glas mit der Luft schräg hält, kann man mit dem ersten Glas, die Luft darin auffangen. So kann beobachtet werden, wie Luft fließt.

**SCHON GEWUSST?**

Deutschland steht an sechster Stelle beim $CO_2$-Ausstoß. China, USA und Indien produzieren zusammen jährlich die Hälfte des gesamten globalen $CO_2$-Ausstoßes.

# WENN ES STÜRMISCH WIRD

## Wie Wind entsteht

Er lässt Drachen steigen, lässt Wäsche schneller trocknen und erzeugt Strom: Der Wind! Doch auch auf das Wetter hat er einen großen Einfluss, schiebt er doch die Regenwolken weiter und lässt die Sonne wieder scheinen. Im Sommer sorgt er für eine angenehme Abkühlung. Doch wie entsteht eigentlich Wind? Und wie kann man ihn sichtbar machen?

### WIE ENTSTEHT WIND?

Warme Sonnenstrahlen erwärmen die Luft nahe am Erdboden. Die warme Luft steigt auf und kalte Luft schließt die entstandene Lücke. Die warme Luft, die nach oben gestiegen ist, kühlt sich über Wasser (also dem Meer) ab und sinkt als kühle Luft wieder hinab. Durch die Erwärmung gerät die Luft also in Bewegung – Wind entsteht. Je größer der Temperaturunterschied zwischen den Luftmassen, desto stärker pustet der Wind, um die Temperaturen auszugleichen.

## DER WIND, DER WIND

**Geschichte:**
Nick und Marie sind bei jedem Wetter gerne in der Natur. Besonders, wenn der Wind ihnen um die Ohren pfeift. Welches Wetter mögt ihr am liebsten und warum? (Kinder erzählen) Habt ihr schon mal beobachten können, wie der Wind Dinge bewegt? Was habt ihr schon mal in Bewegung gesehen? (Kinder erzählen, z. B. Blätter, Kleider, Wäsche, Ball, Bäume, die sich biegen ...)

## KREATIVIDEE: WINDRAD BASTELN

**Material:**
Kopiervorlage 10: Windrad, Schaschlikspieße, Papier, Schere, Stecknadel

Die Windräder wie aufgezeichnet ausschneiden. Je eine Ecke mit der Stecknadel durchpiksen, die Stecknadel durch eine Perle fädeln (damit sich das Windrad auch drehen kann) und alles zusammen dann an dem Spieß befestigen.

**SCHON GEWUSST?**

Am Äquator gibt es nahezu windstille Gebiete, die Kalmen. Hier weht nicht das leiseste Lüftchen, weswegen diese Gegend früher von Seefahrenden gefürchtet war: Wochenlang kam man hier einfach nicht vom Fleck.

# DER STÄRKSTE WIND DER ERDE

## Jetstreams einfach erklärt

Ein Jetstream ist ein Starkwindband, das wie jeder Wind als Ausgleichsbewegung zwischen verschiedenen Temperaturregionen entsteht. Der Unterschied: Jetstreams sind global und haben einen großen Einfluss auf das Wetter von beispielsweise ganz Europa.

### WAS DER JETSTREAM MIT DEM WETTER ZU TUN HAT

Grundsätzlich gilt: Je langsamer der Jetstream, desto stabiler das Wetter in einer Region. So kommt es zu immer länger andauernden Hitzeperioden im Sommer oder komplett verregneten Sommermonaten, in denen die Hochwassergefahr drastisch steigt.

Doch warum werden Jetstreams langsamer? Durch die Erderwärmung gehen die Eismassen am Nordpol dramatisch zurück, wodurch auch die Luft dort wärmer wird – die Temperaturunterschiede, die durch Jetstreams ausgeglichen werden, werden also immer geringer und die Jetstreams langsamer.

## WER HAT AM MEISTEN PUSTE?

**Schatzkiste:**
Watteballchen, Holzstäbe

In der Natur gibt es auch mal stärkere und mal schwächere Winde. Manchmal, da regnet es an einem Tag ganz viel. Kommt dann ein starker Wind auf, kann es sein, dass es am nächsten Tag wunderschönes Wetter gibt, die Sonne scheint und sich alles angenehm warm anfühlt. Geht nur ein leichter Wind, oder gar keiner, bleiben die Regenwolken oft mehrere Tage über der gleichen Stelle. Das probieren wir jetzt gleich mal aus mit den Watteballchenregenwolken: Mit den Stäben markieren wir den Start und das Ziel. Jedes Kind darf sich ein Watteballchen aus der Schatzkiste nehmen und pustet los – wer hat den längsten Atem und kommt als erstes ins Ziel?

## EXPERIMENT: SCHMELZENDES EIS

Um für die Kinder die Auswirkungen der Erderwärmung deutlich zu machen, können Sie gemeinsam das Experiment auf S. 73 und 74 durchführen: Hier wird sichtbar, warum es so problematisch ist, wenn die Erde immer wärmer wird.

**SCHON GEWUSST?**

Auf dem Flugweg zwischen den USA und Deutschland lässt sich dank der Jetstreams bis zu einer Stunde Flugzeit sparen. Erst geht es ein ganzes Stück nach Norden und dann – mit dem Jetstream im Rücken – ganz schnell nach Europa!

# WIE RETTEN WIR DAS KLIMA?

## Tipps zum $CO_2$-Sparen

Weltweit sind laut UNICEF eine Milliarde Kinder extrem stark durch die Auswirkungen des Klimawandels gefährdet – also ungefähr die Hälfte aller Kinder auf der Welt! Dabei sind Kinder nicht für den Klimawandel verantwortlich und haben auch kaum die Möglichkeit, etwas dagegen zu tun. Es wäre die Aufgabe der Politik, die Kinder zu schützen! Ideen, wie die Kita und die Kinder nach ihren Möglichkeiten trotzdem zu Umweltrettern werden können, finden Sie hier!

### $CO_2$-SPAR-TIPPS

- auf Ökostrom umsteigen
- Fahrrad oder Bus fahren oder zu Fuß gehen
- Fahrgemeinschaften bilden
- Veggiedays oder ganz auf Fleisch verzichten
- saisonal und regional einkaufen
- nicht zu viel heizen
- Geräte ausschalten

## WO KÖNNEN WIR STROM SPAREN?

Viele Leute lassen das Licht an, wenn sie aus einem Raum gehen oder lassen am Tag das Licht an, obwohl die Sonne scheint - ist das so eine gute Idee? Habt ihr noch gute Ideen, wie man Strom und Energie sparen kann? Wollen wir in der Kita einmal schauen, wo man hier noch Energie sparen könnte? Bei Geräten, die man gerade nicht braucht, kann man zum Beispiel auch den Stecker ziehen.

## EXPERIMENT: KARTOFFELLICHT

**Material:**
drei Kartoffeln, vier Stromkabel, acht Krokodilklemmen, drei Schrauben aus Zink, drei Kupfermünzen, LED-Lampe

Die drei Kartoffeln werden unten flach abgeschnitten und auf den Tisch gelegt. In jede Kartoffel wird links eine Schraube und rechts eine Münze gesteckt. Dann werden die Kabel mit den Krokodilklemmen immer von der Schraube der einen Kartoffel mit der Münze der anderen Kartoffel verbunden (also immer Kupfer an Zink). Von der äußersten Schraube rechts und der äußersten Münze links wird je ein Kabel mit der LED-Lampe verbunden, die dann leuchtet!

**SCHON GEWUSST?**

1997 formulierte die EU schon die drei Säulen der Nachhaltigkeit: Ökonomie (niemand lebt über seine Verhältnisse), Ökologie (es wird nur verbraucht, was regeneriert wird) und Soziales (Verhinderung sozialer Konflikte). Weil diese drei Aspekte sich gegenseitig beeinflussen, kann Nachhaltigkeit nur erreicht werden, wenn alle drei Säulen gemeinsam betrachtet werden.

# DIE GRÜNE LUNGE DER ERDE

## Warum der Wald so wichtig ist

Ohne den von den Bäumen erzeugten Sauerstoff ist ein Leben für den Menschen nicht möglich. Deshalb ist es wichtig, den Wald und seine Bewohner zu schützen. Durch nachhaltige Forstwirtschaft wird hier schon ein großer Beitrag geleistet, doch kann jeder Einzelne von uns noch mehr dazu beitragen:

- Papier achtsam verbrauchen
- nur Möbel kaufen, die tatsächlich gebraucht werden
- alte Möbel lieber verschenken als wegzuwerfen
- im Wald auf den vorgesehenen Wegen bleiben
- keinen Müll im Wald liegen lassen

### DER WALD IST IN GEFAHR

Besonders durch die starke Trockenheit der letzten Jahre und den Klimawandel sind viele Wälder und auch die Bäume außerhalb der Wälder sehr geschwächt und anfällig. Durch die milden Winter der letzten Jahre konnten sich die Borkenkäfer so rasant vermehren, dass sie zu einer regelrechten Plage geworden sind und vor allem Fichtenwälder zerstören. Gesunde Baumbestände schützen den ganzen Lebensraum Wald. Wer bei Waldspaziergängen seinen Müll wieder mit nach Hause nimmt und seinen Beitrag für den Umweltschutz leistet, kann so schon etwas für unsere Wälder tun.

So kann der Wald geschützt werden:

- Professionelle Waldpflege: Kranke Bäume werden entnommen und so wird ausreichend Platz für gesunde Bäume geschaffen
- Die richtige Baumartenwahl: Nicht jeder Baum kommt mit jedem Boden zurecht
- Den Wald sauber halten
- Beim Spaziergang durch den Wald auf den vorgesehenen Wegen bleiben und Hunde angeleint lassen
- Durch Umweltschutz dem Klimawandel entgegenwirken

## DER REGENWALD

Der Regenwald ist unverzichtbar für unser Ökosystem. Dennoch wird jede Minute eine Fläche in der Größe von 30 Fußballfeldern des Regenwaldes gerodet. 65% der dadurch entstehenden Flächen werden allein zur Tierhaltung für die Fleischproduktion genutzt. Aber auch für die Produktion von Papier oder Möbeln aus Tropenholz werden die Bäume gefällt. Durch das Roden des Waldes geht ein wichtiger Bestandteil unseres Ökosystems verloren. Tierarten verlieren ihr Zuhause und indigene Völker werden vertrieben, was den Verlust von alten Kulturen und altem Wissen zur Folge hat.

Um diesen Prozess zu verlangsamen, kann jeder seinen Beitrag leisten:

- auf Fleisch verzichten (v.a. aus Brasilien oder Argentinien) oder zumindest auf regionale Produkte ausweichen
- keine Fertigprodukte kaufen – für den Anbau des darin enthaltenen Palmöls wird massiv Regenwald abgeholzt
- auf Möbel aus Tropenholz verzichten
- faire Produkte kaufen
- auf Plastikprodukte verzichten – zur Gewinnung von Erdöl, das zur Herstellung von Plastikprodukten genutzt wird, wird Regenwald gerodet

# Auswirkungen auf die Menschen

## Wie wir nachhaltiger leben können

Auch wenn der Klimawandel langsam vonstattengeht: Die Auswirkungen des Klimawandels auf die Natur und das Wetter sind deutlich sichtbar. Doch was hat das mit uns Menschen zu tun?

Neben den gesundheitlichen Belastungen, die zum Beispiel Hitzeperioden mit sich bringen, steigt die direkte Bedrohung durch Extremwetter wie Sturmböen, Sturmfluten oder Hochwasser. Es kann außerdem zu neuen Infektionskrankheiten, die von Tieren auf Menschen übertragen werden, kommen. Auch Pollen und andere Allergene treten durch veränderte klimatische Bedingungen häufiger oder anhaltender auf.
Auch die direkte Luft- und Umweltverschmutzung macht krank. Gefäß- und Stoffwechselerkrankungen, Lungen- und Herzleiden treten vermehrt auf.

## BESONDERS BETROFFEN: DER GLOBALE SÜDEN

Vor allem die Menschen in meist sehr armen Ländern des Südens sind von den Folgen des Klimawandels bedroht. Gerade kleine Inselstaaten sind viel stärker von den lokalen Ressourcen abhängig als Industrieländer, die zum Beispiel Lebensmittel und andere Güter importieren können. Werden diese Gebiete durch Extremwetter zerstört oder kommt es zu Dürren aufgrund anhaltender Hitzeperioden, drohen Wasserknappheit und Hungersnöte. Viele Menschen werden ihre unbewohnbare Heimat verlassen müssen.

Während also hauptsächlich die Industrienationen mit ihrem $CO_2$-Verbrauch den Klimawandel vorantreiben, leiden andere darunter am meisten.

## TIPPS FÜR MEHR NACHHALTIGKEIT

Zwar bereitet der Mensch den Tieren und der Natur durch leider immer noch überwiegend rücksichtsloses Verhalten immer neue Schwierigkeiten, doch kann jeder Einzelne von uns auch einen Beitrag für den Umweltschutz leisten:

- Pflanzen nicht pflücken, sondern wachsen lassen – das sind Lebensräume
- Keine Steingärten – Pflanzen binden $CO_2$
- Wildblumen für Insekten wachsen lassen
- Gestrüpp und alte Äste und Zweige für Krabbel- und Kleintiere liegen lassen
- Auf chemische Dünger verzichten
- Insektenhotels bauen
- Im Sommer eine Vogel- und Insektentränke bereitstellen
- Mit Laubhaufen ein Winterquartier für Igel schaffen
- Müll vermeiden und richtig trennen
- Energie sparen

# EARTH OVERSHOOT DAY

## Wenn es mehr als eine Erde braucht

Der Erdüberlastungstag ist der errechnete Tag im Jahr, an dem die gebrauchten Ressourcen die Kapazität der Erde zur Reproduktion übersteigen. 1970 ist der Erdüberlastungstag noch auf den 29. Dezember gefallen, doch bereits 1990 war der Erdüberlastungstag am 11. Oktober, 2015 am 5. August und 2021 bereits am 29. Juli – die Richtung, die unsere Lebensweise einschlägt, ist eindeutig: Durch unsere Lebensweise und unser Konsumverhalten werden die erneuerbaren, nachwachsenden Ressourcen immer früher verbraucht. Zeit, umzudenken!

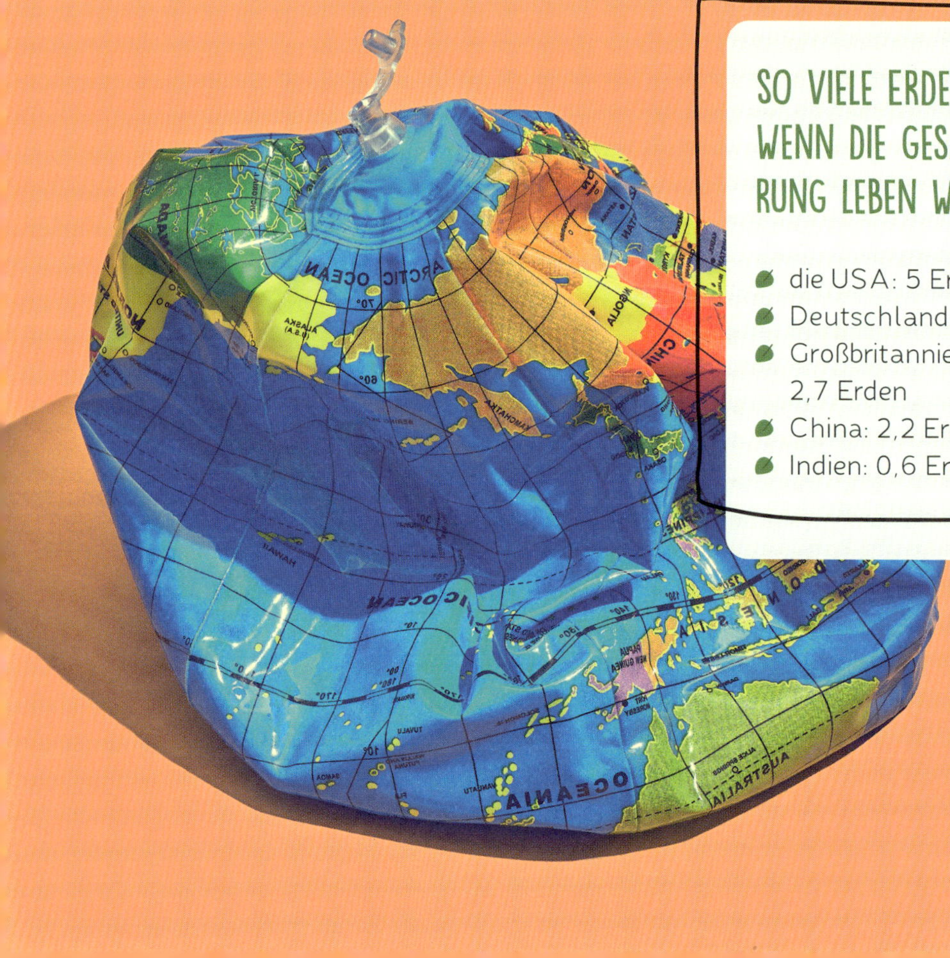

### SO VIELE ERDEN BENÖTIGEN WIR, WENN DIE GESAMTE ERDBEVÖLKERUNG LEBEN WÜRDE WIE …

- die USA: 5 Erden
- Deutschland: 3 Erden
- Großbritannien oder Frankreich: 2,7 Erden
- China: 2,2 Erden
- Indien: 0,6 Erden

## SO VIELE GESCHENKE!

Kennt ihr das? Da steht Weihnachten bald vor der Türe und ihr dürft euch überlegen, was ihr euch wünscht! Was für ein tolles Gefühl! Aber vielleicht kennt ihr das: Ihr habt euch etwas ganz doll gewünscht und dann ein paar Tage nach Weihnachten doch nicht mehr damit gespielt. Oder ihr bekommt etwas, das euch nicht so gut gefällt, ist euch das schon einmal passiert? (Kinder erzählen) Nick hat zum Beispiel letztes Jahr einen Ball bekommen, den er schon hat! Habt ihr eine Idee, was man mit solchen Dingen machen kann? (Kinder erzählen: tauschen, verkaufen, verschenken ...) Das sind tolle Ideen! Es gibt bestimmt immer jemanden, der die Dinge, die man nicht mehr will, noch gebrauchen kann.

## GESCHENKIDEE: WEIHNACHTEN IM SCHUHKARTON

**Material:**
neu(wertige) Geschenke, Schuhkartons, Geschenkpapier, Etiketten

Jedes Jahr im Herbst sammeln Organisationen Geschenke in Schuhkartons, um diese an bedürftige Kinder zu verteilen. Im Internet findet man dazu schnell die richtigen Infos – und dann müssen nur noch Geschenke gepackt werden. So können Spielzeuge, Kuscheltiere oder andere schöne Gegenstände, die nicht genutzt werden, ein neues Zuhause finden. Entweder bringen die Kinder Geschenke mit oder sie misten gemeinsam in der Kita aus.

**SCHON GEWUSST?**

**Leben auf Pump**
Das bedeutet nicht, dass es ab dem Welterschöpfungstag kein Essen und Trinken mehr gibt, aber es bedeutet, dass die Ressourcen, die innerhalb eines Jahres nachwachsen würden, nun verbraucht sind, und wir ab diesem Tag an die Ressourcen unserer Nachfahren gehen.

# WIND, WASSER UND SONNE

## Grüne Energie direkt vor der Haustür

Im Gegensatz zu fossilen Brennstoffen sind erneuerbare Energien unerschöpflich: Sie entstehen aus Windkraft, Wasser- und Meereskraft, aus Biogas oder Sonneneinstrahlung. Man nennt die daraus gewonnene Energie auch „Ökostrom". Durch sie entsteht kein $CO_2$ und so tragen sie nicht negativ zum Klimawandel bei - im Gegenteil: Um den Klimawandel zu stoppen, sind wir auf erneuerbare Energien angewiesen.

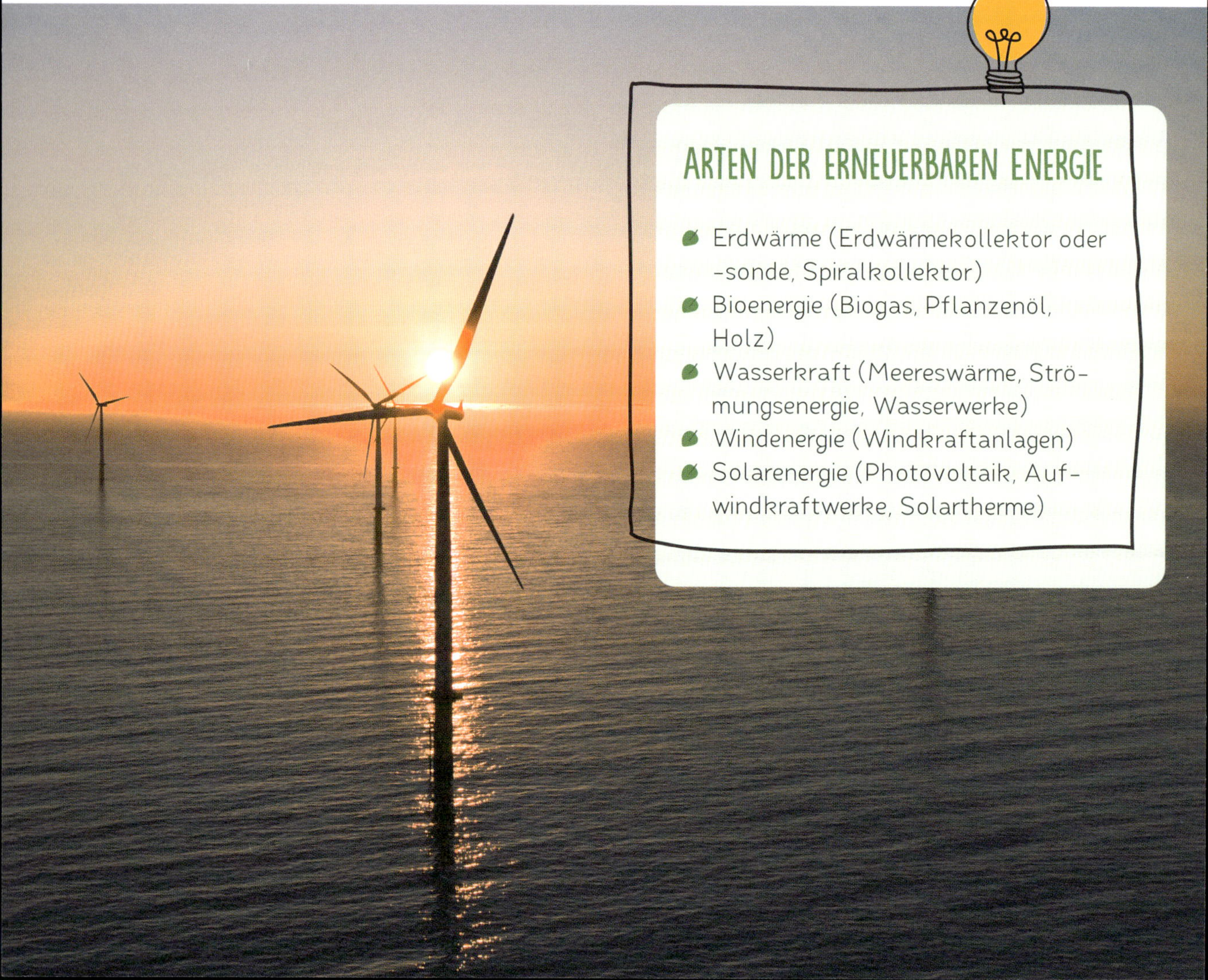

### ARTEN DER ERNEUERBAREN ENERGIE

- Erdwärme (Erdwärmekollektor oder -sonde, Spiralkollektor)
- Bioenergie (Biogas, Pflanzenöl, Holz)
- Wasserkraft (Meereswärme, Strömungsenergie, Wasserwerke)
- Windenergie (Windkraftanlagen)
- Solarenergie (Photovoltaik, Aufwindkraftwerke, Solartherme)

## ENERGIE, DIE NACHWÄCHST

**Schatzkiste:**
Windrad, Holz, Wasser, evtl. Wasserrad, Rapsöl

Auf dem Dach des Hauses von Marie und Nick befindet sich eine Photovoltaikanlage - sie kann Strom mit der Sonne machen! Das ist natürlich super, weil die Sonne immer da ist und man dafür nicht riesige Löcher in die Erde graben muss. Habt ihr weitere Ideen, womit man noch Strom machen oder heizen kann? (Kinder nehmen sich die Gegenstände aus der Schatzkiste und dürfen dazu erzählen) Und wisst ihr, was das Besondere an diesen Energiequellen ist? (Kinder raten) Genau, sie wachsen immer wieder nach und machen die Luft nicht so schmutzig!

## KREATIVIDEE: WASSERRAD BASTELN

**Material:**
8 Astgabeln, Korken, 6 größere Blätter, zwei Zahnstocher, evtl. Schere oder Messer zum Anspitzen, Bach

In den Korken werden rundherum sechs der Astgabeln gesteckt. Auf jede Astgabel wird ein Blatt gesteckt, sodass Schaufelräder entstehen. Links und rechts in den Korken werden die Zahnstocher gepikst. Die übrigen beiden Astgabeln werden in den Bach gesteckt, das Wasserrad an den Zahnstochern daran aufgehängt.

**SCHON GEWUSST?**

Global betrachtet werden zwar noch etwa 75% der Energieerzeugung aus fossilen Brennstoffen, also Kohle, Erdöl oder Erdgas, eingespeist, doch die erneuerbaren Energien sind auf dem Vormarsch. In Deutschland lag der Anteil erneuerbarer Energien im Jahr 2020 schon bei 47% - unser Strom wird also immer grüner. Den größten Anteil daran hat mit 25,6% die Windkraft.

# ICH HAB' BÄRENHUNGER!

## Über Essgewohnheiten und Lebensmittelverschwendung

Ernährung, vor allem Fleischkonsum, wirkt sich massiv auf die Umwelt aus. Auch, dass pro Kopf jährlich 75 Kilogramm Lebensmittel weggeworfen werden, schadet dem Klima – es wird viel mehr produziert, als tatsächlich gebraucht wird. Doch wie kann man dem entgegenwirken? Meal Prep – ein wöchentlicher Kochplan – kann helfen, nicht mehr so viel wegzuschmeißen. Gemeinsam kochen, fördert das Bewusstsein der Kinder für Lebensmittel.

### WIE VIEL ISST EIN KIND?

So groß wie die Kinderfaust ist, ist ungefähr der Kindermagen, daher sollte die Mahlzeit, die das Kind erhält, in etwa der Größe der Kinderhand entsprechen. Sorgen machen, dass dem eigenen Kind diese Menge nicht reicht, braucht man sich nicht: Sollte das Kind (z. B. durch Wachstumsschub) auch mal einen Mehrbedarf haben, wird es diesen sicherlich einfordern.

## WAS PASST IN MEINEN BAUCH?

**Schatzkiste:**
Obst und Gemüse gewaschen und klein geschnitten, Nüsse, Brothäppchen, Käsewürfel

Manchmal ist es gar nicht so leicht, zu wissen, wie groß eigentlich der eigene Hunger ist: Da kommt man von der Kita nach Hause, es riecht lecker in der Küche nach tollem Essen und man hat das Gefühl, dass man am liebsten alles auf einmal leer essen möchte. Dann lädt man sich den Teller voll und merkt nach der Hälfte: Ups, das war zu viel. Wie macht ihr das zu Hause? Kennt ihr das auch mit dem großen Bärenhunger? (Kinder berichten) Marie und Nick kennen einen tollen Trick, der dabei helfen kann, den Teller nicht zu voll zu laden: Bildet mal mit eurer Hand eine Faust. Genau so viel passt in euren Magen. Sieht gar nicht so viel aus, oder? Deshalb testen wir, ob es reicht: Jeder von euch nimmt sich auf einen Teller von dem Obst und Gemüse und dem Brot so viel, dass es ungefähr die Größe eurer Hand hat – na, seid ihr davon satt geworden? (Kinder testen)

## KOCHIDEE: VEGGIEDAY IN DER KITA

**Material:**
leckeres Rezept

Wählen Sie gemeinsam mit den Kindern ein leckeres vegetarisches oder sogar veganes Rezept aus. Vorschläge finden Sie auf den Seiten 77 und 78. Vielleicht gibt es in Ihrer Nähe einen Unverpacktladen, bei dem Sie gemeinsam einkaufen können. Kochen Sie dann gemeinsam mit den Kindern – laden Sie vielleicht auch noch die Eltern dazu ein!

# ESSEN VON HIER

## Regionale Lebensmittel für das Klima

Durch unsere Ernährung können wir direkt Einfluss nehmen auf die Umwelt und den Klimawandel - gerade die vegetarische und die vegane Ernährung sind nachweislich gut für die Umwelt. Klimatarier gehen noch einen Schritt weiter und wählen nur Lebensmittel, die in Produktion und Transport die Umwelt kaum belasten.

### WER ISST WAS?

- Vegetarier: Obst, Gemüse, Getreide aber auch Milch- und Eiprodukte
- Veganer: ausschließlich tierfreie Produkte
- Klimatarier: regionales und saisonales Obst und Gemüse, keine Fertigprodukte, produzieren beim Kochen und Essen keine Abfälle

SAISONKALENDER AUF S. 75 & 76

## WO KOMMT MEIN GEMÜSE HER?

**Schatzkiste:**
tropische und regionale, saisonale Früchte

Marie liebt die Erdbeeren aus ihrem Garten. Die sind lecker und süß. Nick schmecken die Gurken, die er selbst gepflanzt hat, am besten. Was mögt ihr denn am liebsten? (Kinder nehmen die Früchte aus der Schatzkiste und erzählen) Und was meint ihr – wo kommt das Obst und Gemüse her? Hatte es einen langen oder einen kurzen Transportweg? (Kinder raten, dann wird gemeinsam das Obst und Gemüse sortiert: Am Anfang kommen die Lebensmittel mit dem kürzesten Weg und am Ende die mit dem längsten) Und was meint ihr: Was ist besser für unsere Umwelt – kurze oder lange Transportwege?

## PFLANZIDEE: SALAT

**Material:**
Anzuchttöpfe, Erde, Salatsaat, Pipette, Wasserschüssel

In die Anzuchttöpfchen wird Erde gefüllt und Salatsaat gegeben. Dann die Saat mit einer Pipette voll Wasser gießen. Ist ein erster Trieb zu sehen, werden die Salatpflanzen mit nach Hause gegeben – mal sehen, wer als erstes eigenen Salat ernten kann – oder im Kita-Garten gepflanzt.

# CHECKLISTEN & KOPIERVORLAGEN

- ☑ Checkliste 1: Umweltschutz im Alltag
- ☑ Checkliste 2: Umweltschutz im Team
- ☑ Checkliste 3: Elternabend
- ☑ Kopiervorlage 1: Schatzkiste
- ☑ Kopiervorlage 2: Marie
- ☑ Kopiervorlage 3: Nick
- ☑ Kopiervorlage 4: Umweltschützer-Diplom
- ☑ Kopiervorlage 5: Klimazonen
- ☑ Kopiervorlage 6: Tiersteckbriefe
- ☑ Kopiervorlage 7: Bauernregeln
- ☑ Kopiervorlage 8: Wetterkärtchen
- ☑ Kopiervorlage 9: Gewächshaus
- ☑ Kopiervorlage 10: Windrad
- ☑ Kopiervorlage 11: Schmelzendes Eis
- ☑ Kopiervorlage 12: Saisonkalender
- ☑ Kopiervorlage 13: Umweltretter-Rezepte

# UMWELTSCHUTZ IM ALLTAG

- ☐ Ressourcen achtsam nutzen
- ☐ Papierverbrauch reduzieren
- ☐ Wasser sparen (Wasser aus beim Zähneputzen!)
- ☐ auf Palmöl verzichten (v. a. in Fertigprodukten)
- ☐ auf Fleisch verzichten (v. a. aus Brasilien und Argentinien)
- ☐ auf Plastikprodukte verzichten
- ☐ faire Produkte konsumieren
- ☐ das Auto stehen lassen
- ☐ Müll vermeiden, richtig trennen und fachgerecht entsorgen
- ☐ richtig lüften
- ☐ Elektrogeräte ausschalten
- ☐ Wäsche an der Luft trocknen
- ☐ im Wald auf den vorgesehenen Wegen bleiben
- ☐ keinen Müll in der Natur liegen lassen
- ☐ was nicht mehr gebraucht wird, verschenken oder upcyceln

# UMWELTSCHUTZ IM TEAM

- ☐ Welches Know-how, welche Mittel und Informationen bringt der Träger mit ein?
- ☐ Wie und wann muss der Träger miteinbezogen werden?
- ☐ Über welches Know-how verfügen die Teammitglieder?
- ☐ Sind Weiterbildungen notwendig?
- ☐ Wie kann die Weiterbildung aussehen (Bücher, Filme, Seminare, Hospitation ...)?
- ☐ Wie viel Zeit soll investiert werden (Weiterbildung, Umsetzung, Projekttage, Elternabend, Familienveranstaltungen, Präsentation ...)?
- ☐ Wie kann ein zeitlicher Ablauf aussehen?
- ☐ Wie viel Budget muss evtl. eingeplant werden?
- ☐ Wie kann die Elternarbeit aussehen?
- ☐ Welche Projekte können mit den Kindern realisiert werden?
- ☐ Wie können Erfolge dokumentiert werden?
- ☐ Wer übernimmt welche Aufgaben?
- ☐ Wann soll es losgehen?

# ELTERNABEND

- ☐ Warum wird das Thema *Natur und Umwelt* in der Kita behandelt?
- ☐ Wie wird der Kindergarten das Thema umsetzen (z. B. Unterthemen, Ablauf, Vorbereitungen ...)?
- ☐ Was werden die Kinder in dieser Zeit erleben (z. B. Ausflüge, Besuch eines Försters ...)?
- ☐ Welche zusätzlichen Angebote werden auch für Eltern in der Einrichtung stattfinden (z. B. Tauschbörse, Elterncafé, Eltern-Kind-Kreativnachmittage, gemeinsamer Ausflug in den Wald, Bastelangebote, Baum pflanzen ...)?
- ☐ Welche Themen werden auch vom Kindergartenalltag nach Hause mitgenommen?
- ☐ Abfragen: Welche Eltern können vielleicht einen Beitrag zum Thema beisteuern und wie sieht dieser aus (z. B. als Imkerin: Besuch bei den Bienen; als Förster: gemeinsamer Ausflug in den Wald; als Kreative: gemeinsam mit Eltern und Kindern ein Insektenhotel bauen ...)?

# SCHATZKISTE

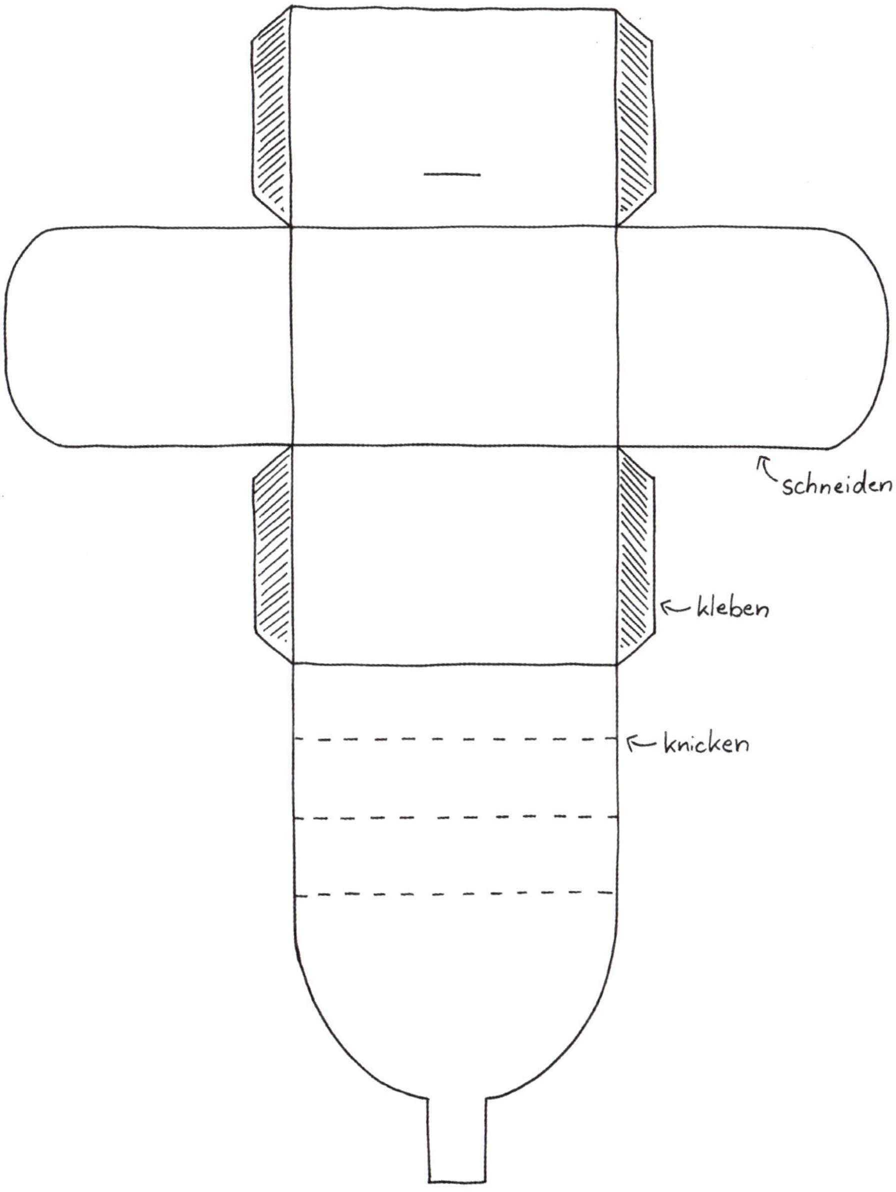

# UMWELTPROFI MARIE

# UMWELTPROFI NICK

# UMWELTSCHÜTZER-DIPLOM

## Wetter & Klima

Liebe:r ______________________________

Du hast viel über Wetter, Klima und den Klimawandel gelernt und dich als richtiger Umweltprofi bewiesen!

**Du kannst stolz auf dich sein!**

Datum Unterschrift

# KLIMAZONEN

POLARE ZONE
SUBPOLARE ZONE
GEMÄẞIGTE ZONE
SUBTROPEN
TROPEN

# TIERSTECKBRIEFE

## POLARE ZONE

### EISBÄR

Die Leibspeise des Eisbären sind Robben. Er kann sehr gut schwimmen und tauchen und hat eine dicke Fettschicht unter der Haut, die ihn vor der Kälte schützt.

### PINGUIN

Ihre Flügel haben Pinguine nicht zum Fliegen: Sie schwimmen mit ihnen. Ihr Federkleid ist sehr dicht, sodass sie hervorragend gegen eisige Temperaturen geschützt sind. Am liebsten fressen sie Fisch.

## SUBPOLARE ZONE

### SCHNEEHASE

Mit seinem weißen Fell kann er sich im Winter hervorragend im Schnee verstecken – im Frühling färbt er sich aber bräunlich. Er frisst Gräser, Beeren und Kräuter. Im Winter stehen Rinden und Hölzer auf seinem Speiseplan.

### RENTIER

Rentiere sind geborene Wanderer: Sie legen weite Strecken zurück, um gute Futterstellen zu finden. Ihre Hufe können sie weit spreizen, um auch auf Schnee oder moorigem Untergrund gut laufen zu können. Sie ernähren sich von Flechten, Sträuchern und Gräsern.

# TIERSTECKBRIEFE

## GEMÄßIGTE ZONE

### EICHHÖRNCHEN

Eichhörnchen leben in Nadel-, Laub- und Mischwäldern und ernähren sich von Nüssen, Samen und Eicheln. Im Winter halten sie Winterruhe.

### LUCHS

Dank ihres getupften Fells sind Luchse zwischen Ästen und Blättern nahezu unsichtbar. Luchse jagen in der Dämmerung und ernähren sich unter anderem von Hasen und Mäusen, aber auch Rehe stehen auf dem Speiseplan.

## SUBTROPISCHE ZONE

### FENNEK

Den Fennek nennt man auch Wüstenfuchs. Er hat ein sandfarbenes Fell und braucht für seinen Bau einen sandigen Untergrund. Fenneks sind Allesfresser und müssen nicht trinken, sind also nicht auf größere Wasseransammlungen angewiesen.

### DROMEDAR

Als Wiederkäuer ernähren sich Dromedare ausschließlich vegetarisch von Kräutern, Blättern und Gräsern, aber auch dornigen Pflanzenbestandteilen. Fett und Nahrung wird als Notreserve für schlechte Zeiten im Höcker gespeichert. Da das Dromedar seine Körpertemperatur regulieren kann, kommt es fast drei Wochen ohne Wasser aus.

# TIERSTECKBRIEFE

## TROPEN

### FAULTIER

Da der Tisch in den Baumkronen mit Beeren, Blättern und Früchten meist reich gedeckt ist, brauchen sich Faultiere gar nicht anzustrengen, um ihr Futter zu erreichen. Ihr Fell scheitelt sich nicht am Rücken, sondern am Bauch – so kann der Regen, der von oben kommt, wenn es im Baum hängt, immer gut abfließen.

### ORANG-UTAN

Ihr zotteliges Fell dient Orang-Utans als Regenmantel – das Wasser kann hier hervorragend abfließen. Sie sind Baumbewohner und genießen ein reiches vegetarisches Futterangebot.

# BAUERNREGEL

## JANUAR

Ist der Januar hell und weiß,
wird der Sommer gerne heiß.

Kommt der Frost im Januar nicht,
zeigt im März er sein Gesicht.

## FEBRUAR

Nebel im Februar –
Kälte das ganze Jahr.

Wenn's im Februar nicht schneit,
schneit's in der Osterzeit.

## MÄRZ

Auf Märzenregen folgt
kein Sonnensegen.

Märzensonne –
kurze Wonne.

## APRIL

Der April tut,
was er will.

Aprilwetter und Kartenglück
wechseln jeden Augenblick.

## MAI

Ein kühler Mai wird hochgeacht',
hat stets ein gutes Jahr gebracht.

Mairegen bringt Segen.

## JUNI

Im Juni viel Donner
bringt einen trüben Sommer.

Menschensinn und Juniwind
ändern sich oft sehr geschwind.

# BAUERNREGEL

## JULI

Trübe Aussicht an den Hundstagen (23. Juli bis 23. August), trübe Aussicht das restliche Jahr.

Bringt der Juli heiße Glut, so gerät der September gut.

## AUGUST

Bringt der August viel Gewitter, wird der Winter kalt und bitter.

Was der August nicht vermocht, kein September mehr kocht.

## SEPTEMBER

September warm und klar, verheißt ein gutes nächstes Jahr.

Viel Nebel im September über Tal und Höh', bringt im Winter tiefen Schnee.

## OKTOBER

Wenn's im Oktober friert und schneit, bringt der Jänner milde Zeit.

Im Oktober Sturm und Wind, uns den frühen Winter kündt.

## NOVEMBER

Hängt das Laub bis November hinein, wird der Winter lange sein.

Viel Nebel im November, viel Schnee im Winter.

## DEZEMBER

Donnert's im Dezember gar, kommt viel Wind im nächsten Jahr.

So kalt wie im Dezember, so heiß wird's im Juni.

# WETTERKÄRTCHEN

# WETTERKÄRTCHEN

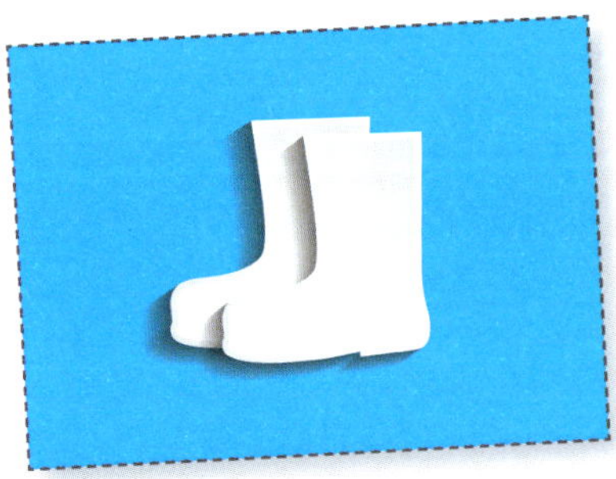

# GEWÄCHSHAUS

# WINDRAD

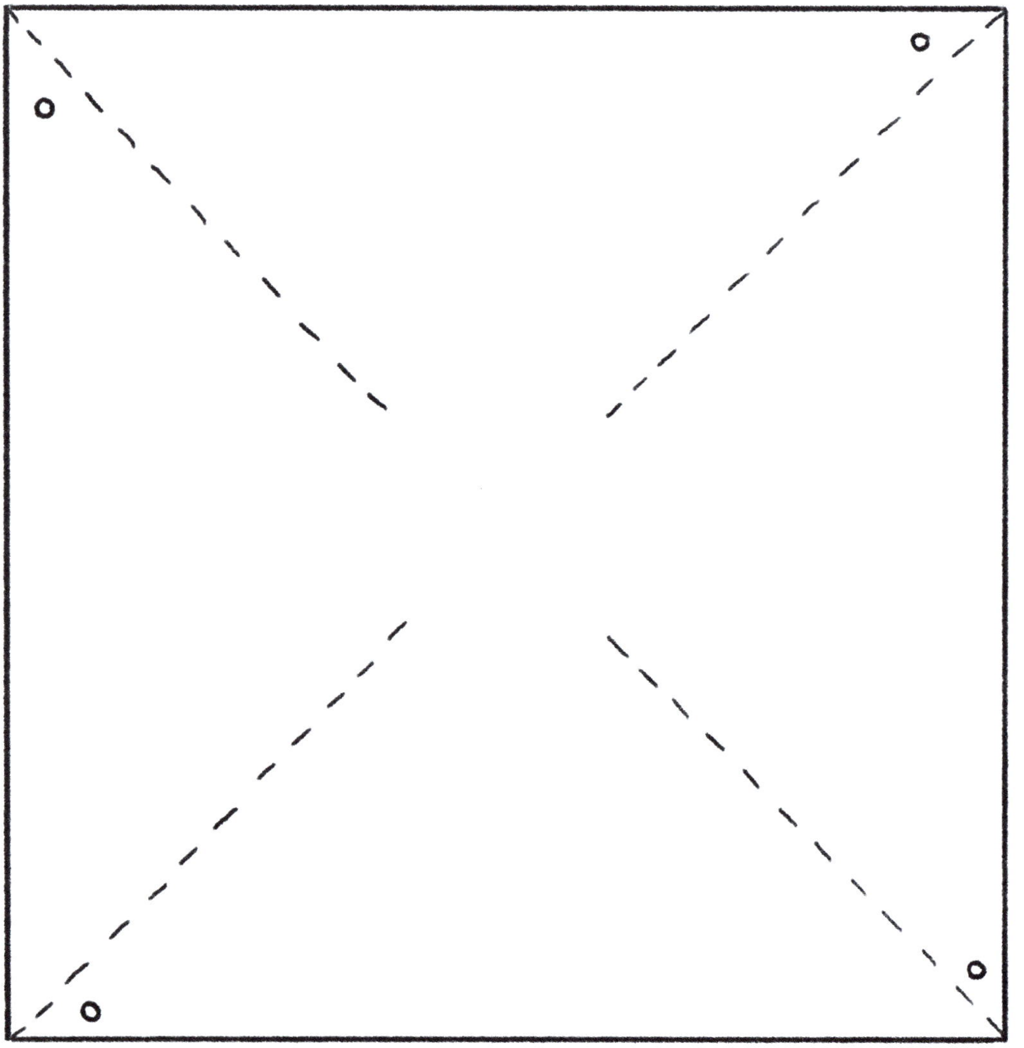

# SCHMELZENDES EIS

## MATERIAL

- 1 große Glasschüssel
- 20 Eiswürfel
- Wasser
- Spielfigur
- Knetmasse
- Filzstift

## TEIL 1

Aus der Knetmasse wird eine Insel geformt, die in der Mitte der Glasschüssel platziert wird. Die Insel sollte ein gutes Stück höher sein als der Schüsselrand. Dann kommt so viel Wasser in die Schüssel, dass der Küstenbereich der Insel einige Zentimeter bedeckt ist. 10 Eiswürfel kommen ins Wasser und die Spielfigur steht direkt am Strand – mit den Füßen im Trockenen! Der Wasserpegel kann mit dem Filzstift am Schüsselrand markiert werden. Beobachten Sie nun gemeinsam den Wasserpegel, während das Eis schmilzt.

## TEIL 2

Der Aufbau ist identisch zum ersten Teil des Experiments, nur werden die Eiswürfel nicht ins Wasser gelegt, sondern auf den höchsten Teil der Insel – sie dürfen das Wasser nicht berühren.

# SCHMELZENDES EIS

## WAS PASSIERT HIER?

Die Eiswürfel schmelzen bei beiden Versuchsaufbauten, doch bei Teil 2 des Versuchs verändert sich der Wasserpegel in der Schüssel. Das Wasser der geschmolzenen Eiswürfel rinnt den Knetberg hinunter und fließt ins Wasser – ganz so wie Gletschereis schmilzt und in den Ozean fließt. Der Pegel steigt, die Spielfigur sollte mittlerweile nasse Füße bekommen haben, die Küstenregion ist überschwemmt.

## HINTERGRUND

Ein Eisberg schwimmt im Meer und verdrängt genauso viel Wasser, wie in ihm enthalten ist. Der Nordpol besteht nur aus Eis und Wasser – und sollte daher nicht zum Steigen des Meeresspiegels beitragen. Oder doch? Ganz so einfach ist es leider nicht: Die große weiße Fläche des Nordpols reflektiert eine große Menge des einfallenden Lichts. Je weniger Eisfläche, desto mehr Sonnenstrahlen nimmt der Ozean auf, der daraufhin wärmer wird. Warmes Wasser dehnt sich aber aus – der Meeresspiegel steigt.

Teil 2 des Versuchs repräsentiert den Südpol: Die Antarktis ist kein riesiger Eisberg, sondern eine mit Eis überzogene Landmasse. Schmilzt hier das Eis, steigt der Meeresspiegel.

# SAISONKALENDER

Gemüse

| | Jan | Feb | Mrz | Apr | Mai | Jun | Jul | Aug | Sep | Okt | Nov | Dez |
|---|---|---|---|---|---|---|---|---|---|---|---|---|
| Artischocke | | | | | ● | ● | ● | ● | ● | ● | | |
| Aubergine | | | | | | ● | ● | ● | ● | ● | | |
| Blumenkohl | | | | | | ● | ● | ● | ● | ● | | |
| Bohnen | | | | | | | ● | ● | ● | ● | | |
| Brokkoli | | | | | | ● | ● | ● | ● | ● | | |
| Erbse | | | | | | ● | ● | ● | | | | |
| Fenchel | | | | | ● | ● | ● | ● | ● | ● | ● | |
| Kartoffel | | | | | | ● | ● | ● | ● | ● | | |
| Kohlrabi | | | | ● | ● | ● | ● | ● | ● | | | |
| Kürbis | | | | | | | | ● | ● | ● | ● | |
| Mais | | | | | | ● | ● | ● | ● | ● | | |
| Möhre | | | | | | ● | ● | ● | ● | ● | | |
| Paprika | | | | | | | ● | ● | ● | ● | | |
| Porree | | | | | | | | ● | ● | ● | ● | |
| Radieschen | | | | ● | ● | ● | ● | | | | | |
| Rosenkohl | ● | | | | | | | | ● | ● | ● | ● |
| Rote Bete | ● | ● | ● | | | | | | ● | ● | ● | ● |
| Rotkohl | ● | ● | ● | | | | | | ● | ● | ● | ● |
| Salatgurke | | | | | | ● | ● | ● | ● | | | |
| Spargel | | | ● | ● | ● | ● | | | | | | |
| Spinat | | | | ● | ● | ● | ● | ● | ● | ● | ● | |
| Staudensellerie | | | | | | | ● | ● | ● | ● | | |
| Tomate | | | | | | | ● | ● | ● | | | |
| Wirsing | ● | ● | ● | | | | ● | ● | ● | ● | ● | ● |
| Zucchini | | | | | | ● | ● | ● | ● | | | |
| Zwiebel | ● | ● | ● | ● | ● | | | ● | ● | ● | ● | ● |

# SAISONKALENDER

## Obst und Nüsse

| | Jan | Feb | Mrz | Apr | Mai | Jun | Jul | Aug | Sep | Okt | Nov | Dez |
|---|---|---|---|---|---|---|---|---|---|---|---|---|
| Apfel | | | | | | | | ■ | ■ | ■ | | |
| Aprikose | | | | | | ■ | ■ | ■ | ■ | | | |
| Birne | | | | | | | ■ | ■ | ■ | ■ | | |
| Brombeere | | | | | | | ■ | ■ | ■ | ■ | | |
| Erdbeere | | | | | ■ | ■ | ■ | | | | | |
| Hagebutte | | | | | | | | ■ | ■ | ■ | ■ | ■ |
| Haselnuss | ■ | | | | | | | | ■ | ■ | ■ | ■ |
| Heidelbeere | | | | | | ■ | ■ | ■ | ■ | ■ | | |
| Himbeere | | | | | | ■ | ■ | ■ | | | | |
| Holunderbeere | | | | | | | | | ■ | ■ | | |
| Holunderblüte | | | | | ■ | ■ | ■ | | | | | |
| Johannisbeere | | | | | | ■ | ■ | ■ | | | | |
| Kirsche | | | | | | ■ | ■ | ■ | ■ | | | |
| Marone | | | | | | | | | ■ | ■ | ■ | ■ |
| Melone | | | | | | | | ■ | ■ | | | |
| Mirabelle | | | | | | | ■ | ■ | ■ | ■ | | |
| Nektarine | | | | | | | ■ | ■ | ■ | | | |
| Pfirsich | | | | | ■ | ■ | ■ | ■ | ■ | | | |
| Pflaume | | | | | | ■ | ■ | ■ | ■ | ■ | | |
| Quitte | | | | | | | | | | ■ | ■ | |
| Rhabarber | | | ■ | ■ | ■ | ■ | ■ | | | | | |
| Schlehe | | | | | | | | | | ■ | ■ | |
| Stachelbeere | | | | | | ■ | ■ | ■ | | | | |
| Walnuss | ■ | ■ | | | | | | ■ | ■ | ■ | ■ | ■ |
| Weintraube | | | | | | | | ■ | ■ | ■ | ■ | |
| Zwetschge | | | | | | | ■ | ■ | ■ | ■ | | |

# UMWELTRETTER-REZEPTE

## KARTOFFEL-ZUCCHINI-PUFFER

**Zutaten (8 - 10 Portionen):**
1 kg Kartoffeln, 1 kg Zucchini, Salz, Pfeffer, Muskat, 250 g Knoblauchbutter
Außerdem: Reibe, Pfanne

Kartoffeln und Zucchini waschen und abtrocknen. Die Kartoffeln schälen. Kartoffeln und Zucchini grob raspeln und mit den Händen gut ausdrücken. Die Raspeln in einer Schüssel mit Salz, Pfeffer und Muskat vermengen. Die Knoblauchbutter in einer großen Pfanne erhitzen, mit Löffeln kleine Puffer in die Pfanne geben, etwas andrücken und von beiden Seiten hellbraun backen. Dazu passt ein Dip aus Joghurt und Kräutern oder auch Apfelmus.

## ERDBEEREIS OHNE EISMASCHINE

**Zutaten (für etwa 5 Kinder):**
300 g Erdbeeren, frisch oder tiefgekühlt, 4 EL Joghurt (auch Kokos- oder Sojajoghurt), 2 Bananen, nach Wunsch: etwas Ahornsirup
Außerdem: verschließbare Schüsseln, Mixer/Pürierstab

Die Bananen schälen und in Scheiben schneiden. Die Erdbeeren waschen. Erdbeeren und Bananen in einer geeigneten Dose für etwa drei bis vier Stunden ins Tiefkühlfach stellen. Wenn das Obst gefroren ist, alles gemeinsam mit dem Joghurt im Mixer pürieren. Nach Wunsch mit Ahornsirup süßen. Das Eis ist sofort verzehrbereit.

# UMWELTRETTER-REZEPTE

## GURKE-CHAMPIGNON-NUDELN

**Zutaten:**
2 Salatgurken, 400 g Champignons, Rosmarin, Salz und Pfeffer, evtl. ungesüßte Hafersahne, evtl. Petersilie, Pflanzenöl zum Anbraten

Öl in einem kleinen Topf erhitzen und kleingeschnittene Champignons darin anbraten. Mit Rosmarin, Salz und Pfeffer abschmecken. Wer es cremig mag, fügt jetzt noch Hafersahne hinzu. Gurken mit einem Spiralschneider zu Spaghetti verarbeiten und auf Tellern anrichten. Darauf die Pilze oder die Pilzsauce geben und eventuell mit ein wenig Petersilie bestreuen.

Statt Rosmarin, Salz und Pfeffer kann auch eine fertige Gewürzmischung aus dem Bioladen verwendet werden. Es gibt die unterschiedlichsten Variationen und so können die Gemüsenudeln immer neu und anders schmecken! Wer keine Pilze mag, kann auch ein Gemüse nach Wahl nehmen.

## MINZLIMO

**Zutaten (pro Glas):**
1 EL Minze-Sirup (mit oder ohne Zucker), 4 Blättchen Minze, 1 Limettenspalte, Eiswürfel, Mineralwasser

Den Sirup in das Glas geben, zwei Minzeblättchen und die Limettenspalte dazugeben und etwas andrücken, damit sich die Aromen besser entfalten. Eiswürfel dazugeben und mit Mineralwasser auffüllen. Mit weiteren Minzeblättchen dekorieren.

# ÜBER DIE AUTORIN

Claudia Hohloch, geboren 1981 in Schwäbisch Hall, ist verheiratet und lebt mit ihrem Mann und ihren beiden Töchtern in Gaildorf in Baden-Württemberg. Sie hat sich sehr intensiv mit dem Thema *Umweltschutz* auseinandergesetzt und möchte dies gern den kleinen und großen Leserinnen und Lesern näherbringen. Da sie weiß, dass es manchmal schwer sein kann, Kindern ein solches Thema zu vermitteln, hat sie dieses Buch geschrieben, das spielerisch und kreativ das Thema *Umweltschutz* in kleine Häppchen aufteilt. So werden die Kinder Schritt für Schritt für das Thema sensibilisiert und vielleicht werden einzelne Ideen oder sogar die ganze Ideensammlung in die Kindergärten und Familien transportiert – sodass schon bald ein paar Umweltschützer-Herzen mehr schlagen.

# In dieser Reihe ist bereits erschienen:

**Die Kita-Umwelt-Retter**
Wald, Wiese & Insekten
ISBN: 978-3-96046-154-8

**Die Kita-Umwelt-Retter**
Müllvermeidung
ISBN: 978-3-96046-175-3

**Die Kita-Umwelt-Retter**
Essen & Ernährung
ISBN: 978-3-96046-182-1